Salvatore Panzarella

Geremia e il suo Dio

Salvatore Panzarella

Geremia e il suo Dio

Prospettive teologiche dalla vocazione e dalle confessioni

Edizioni Sant'Antonio

Cover image: www.ingimage.com

Publisher:
Edizioni Accademiche Italiane
is a trademark of
Dodo Books Indian Ocean Ltd., member of the OmniScriptum S.R.L Publishing group
str. A.Russo 15, of. 61, Chisinau-2068, Republic of Moldova Europe
Printed at: see last page
ISBN: 978-613-8-39402-0

Geremia e il suo Dio.
Prospettive teologiche dalla vocazione
e dalle confessioni

«Non sarai più chiamato Abramo, ma il tuo nome sarà Abraamo,
poiché io ti costituisco padre di una moltitudine di nazioni. [...]
Stabilirò il mio patto fra me e te e i tuoi discendenti dopo di te,
di generazione in generazione;
sarà un patto eterno
per il quale io sarò il Dio tuo e della tua discendenza dopo di te»
(Gen 17,5.7)

«Isacco disse a suo figlio: "Come hai fatto a trovarne così presto, figlio mio?" E quello
rispose: "Perché il Signore, il tuo Dio, l'ha fatta venire sulla mia via"».
(Gen 27,20)

«Dite così a Giuseppe: Perdona ora ai tuoi fratelli il loro misfatto e il loro peccato;
perché ti hanno fatto del male.
Ti prego, perdona dunque ora il misfatto dei servi del Dio di tuo padre!»
(Gen 50,17)

«Dio disse ancora a Mosè: "Dirai così ai figli d'Israele: Il Signore, il Dio dei vostri padri, il
Dio di Abramo, il Dio di Isacco e il Dio di Giacobbe mi ha mandato da voi".
Tale è il mio nome in eterno; così sarò invocato di generazione in generazione».
(Es 3,15).

Sigle e abbreviazioni

AT = Antico Testamento.

BHS = Biblia Hebraica Stuttgartensia.

Cf. = *Confer.*

ed., edd. = *edit, edidit.*

HUCA = Hebrew Union College Annual.

Int = Interpretation

JR = The Journal of Religion.

lett. = letteralmente.

LXX = La Settanta.

n. = nota.

NT = Nuovo Testamento.

PdV = Parole di Vita.

RThPh = Revue de Théologie et de Philosophie.

TM = Testo masoretico.

Tr. it. = traduzione italiana.

ZAW= Zeitschrift für die Alttestamentliche Wissenschaft.

ZThK = Zeitschrift für Theologie und Kirche.

In premessa

Ognuno ha il suo Dio!

Sul Monte Oreb, mentre pensoso e forse annoiato, Mosè sta a pascolare il gregge di Ietro, suo suocero, lo “spettacolo” di un roveto avvolto nel fuoco ma che non si consuma attira la sua attenzione. Nel bagliore vede il volto dell’Angelo di Dio e sente, primo fra gli uomini, il Nome del Signore, visibile e udibile, percepibile ai sensi, eppure misterioso.

Impronunciabile per la sua santità, la *sacra tetractis* è in realtà un non-nome, che svela e ri-vela “Colui che è ciò che è”, salvo essere “spiegato” da Dio stesso con una sequenza di altri nomi, quelli dei patriarchi della storia d’Israele: «Il Signore, il Dio dei vostri padri, il Dio di Abramo, il Dio d’Isacco e il Dio di Giacobbe» (Es 3,15).

Solo YHWH, “Colui che è ciò che è”, è Dio ma Egli si dà a conoscere all’interno di relazioni, quella con Abramo, piuttosto che quella con Isacco o con Giacobbe e che insieme formano il grande cammino di Dio con un popolo e con l’intera umanità.

Ne è segnata strutturalmente l’intera rivelazione biblica nella sua inattaccabile oggettività, posto che il rapporto fra soggetti in se stesso implica la loro insopprimibile identità che nella relazione stessa matura e si esprime. Le pagine delle Scritture da quel punto iniziale saranno tutte un susseguirsi di svelamenti dell'identità di Dio all'uomo e di quella dell'uomo a Dio, in maniera sempre inedita e unica com'è proprio di ogni incontro.

Nell'AT ne è paradigma "ecclesiale" la cosiddetta "formula di alleanza", che nella reciprocità della relazione fra YHWH e il popolo eletto, fa dell'Unico Dio il Dio d'Israele, svelato e narrato con la sensibilità, la cultura, le categorie linguistiche delle tribù che portano nel complesso questo nome.

Permane l'incommensurabiltà del Mistero divino con la creatura, tanto che Mosè non può vedere il volto di Dio e Isaia nel santuario celeste può solo scorgerne i lembi del mantello, eppure già gli scrittori dell'AT rendono ragione dell'autenticità dell'incontro, dove né Dio può essere ridotto all'umano né l'uomo può essere annullato nella relazione con Dio.

Il NT ha radicalizzato il principio. L'oggettività della relazione fra Dio e l'uomo sta nell'apparizione del Verbo con la carne presa da Maria ma anche nella natura della sua *sunkatabasis* ove il limite creaturale diventa la situazione propria della rivelazione. Vi avviene in pienezza l'umanizzazione di Dio e la divinizzazione dell'uomo, che si avvia quando questi vede il Volto e sente il Nome in Gesù.

Che legittimamente ognuno possa dire di avere il suo Dio ne è felice corollario. L'incontro non è questione di dottrina ma di Volto e di Nome davanti a ogni donna e ogni uomo, come, viceversa, di volti e di nomi innanzi a Dio.

Qualsiasi forma di relativismo, filosofico, ideologico, etico o semplicemente di opinione, ne è colpito in radice e d'altra parte, rinunciando strutturalmente a un principio oggettivo su cui basare l'argomento, appare contraddittoria in se stessa e per natura sua si annulla. Anzi, essa propriamente apparirà come ingenua e raffazzonata distorsione del principio della rivelazione biblica data nella relazione di Dio con ogni donna e ogni uomo.

A me pare che all'umanità d'oggi, specie quella occidentale o di sua filiazione, il Dio dei padri faccia risuonare il profetico invito a "tornare" dalle secche dell'autoreferenzialità "relativista" dentro tale relazione: «Tu torna al tuo Dio» (Os 12,6); «Torna a me perché ti ho riscattato» (Is 44,22); «Torna dall'infedeltà, Israele, oracolo del Signore» (Ger 3,12).

In tutto ciò Geremia è come un caso a se stante, in cui l'esperienza dell'incontro con YHWH assume tonalità forti e accenti drammatici, senza mezze misure e senza concessioni al sentito dire.

È un Dio che difficilmente si fa strada nel vissuto di Geremia, forse semplicemente perché è un Dio "difficile", non scontato e non facilmente classificabile con categorie convenzionali, ma proprio per questo intangibilmente reale.

Il rivelarsi di Dio a Geremia avviene dentro una relazione complessa, a tratti frammentata e accesa. La carne, il sangue, la sofferenza e l'angustia, la speranza e la fedeltà di Geremia sono inscindibili dal volto che Dio manifesta a quest'uomo scelto come profeta in un momento delicato e complesso della storia del popolo eletto, sospeso tra l'inevitabile fine e i segni di un nuovo inizio. A suo modo ciascuna piega di questa esperienza presenta un tratto del volto vero di YHWH.

Totalmente dentro la vita e la missione del suo profeta, Egli non si sottrae alla contestazione a tratti blasfema che questi intenta contro di Lui, compresso fra il senso della missione e le iterate persecuzioni dei nemici.

YHWH è con Geremia e lo accompagna nella sua maturazione di uomo credente e di profeta, sebbene questi a più riprese lo accusi o ne avverta l'assenza.

Per scoprire questi tratti è necessario seguire il viaggio interiore di Geremia, con la sua voce, con la sua passione, con la sua fragilità nella missione profetica, nella fede in YHWH, nel percorso umano.

Un viaggio dal racconto della "vocazione" alle cinque "confessioni", cioè Ger 11,18-12,6; 15,10-21; 17,5-18; 18,18-23 e 20,7-18[1], dalle implicanze teologiche profonde e complesse per incontrare un Dio che si compromette con Geremia, chiedendogli più di quanto un uomo come lui, e in realtà qualsiasi uomo, possa dargli, ma promettendogli di stargli accanto e guidandolo passo dopo passo, anche a costo di essere rifiutato.

Scoprire il Dio di Geremia sarà, in realtà, anche un modo per scoprire lo stesso Geremia, con la sua storia e con le accentuazioni tipologiche che ne fanno un paradigma del vero profeta e del vero credente nell'AT, nel paradosso, reale e concreto, di un rapporto conflittuale con YHWH e con se stesso.

---

[1] Delle difficoltà legate alle delimitazioni di queste pericopi si dirà in rapporto agli interessi e alle questioni che andranno puntualmente affrontate.

Il "metodo" teologico di Geremia

Quello di Geremia è un libro di teologia, come tutti i volumi che compongono l'antologia biblica. Bisogna, però, capire che tipo di riflessione teologica esso propone alla luce del fatto che l'indagine sulle teologie scritturistiche necessita di strumentazioni esegetiche atte a trarre dal testo il messaggio e a scongiurare la pretesa di imporre uno schema precostituito e rigido poco o nulla compatibile con la natura dei libri dei due testamenti.

C'è un fare teologia che procede per questioni e risposte su Dio. Ci si è ampiamente accomodati su questo modello, e se anche in contesti non accademici non pare più una via praticabile, esso persiste nel modo comune di percepire la religione, mostrando, però, tutta la sua inadeguatezza a raggiungere il cuore della rivelazione biblica.

All'inizio e alla fine delle confessioni Geremia pone effettivamente delle domande, sia sul piano teologico sia su quello antropologico ed esistenziale. Tra esse un fitto dialogo fra il profeta e YHWH, che però pare sfociare nel silenzio di Dio. Solo nelle prime due pericopi, infatti, alle istanze avanzate dal profeta corrispondono le risposte divine, mentre nelle altre sentiamo solo la voce di Geremia ad alternare le parole di affidamento al lamento e il soliloquio alla lode.

Davanti al profeta vi è un Dio che risponde e che tace, che si lascia mettere in discussione e difende il suo profeta, fino, però, a lasciarlo apparentemente solo nella domanda più dolorosa che possa essere maturata da un uomo: «Perché sono nato?» (Ger 20,18).

Dire che visione teologica c'è dietro questa costruzione letteraria tutt'altro che casuale, è impresa ardua. Lo scontro fra Geremia e il suo Dio ha punti in comune con la vicenda di Giobbe, ma la teologia delle confessioni non si risolve in tale analogia e mostra maggiore complessità. Il "movente" è in entrambi i casi l'esperienza della sofferenza, ma nel libro profetico gli sviluppi sono articolati su registri in parte differenti e ben più audaci, se non altro per la mancanza di quel lieto fine che ricompone la ribellione di Giobbe nell'adorazione del Mistero e che a suo modo interviene a curare le lacerazioni inferte alla teologia sapienziale tradizionale. Quasi un pentimento alla contestazione, dunque, che manca alle cinque lamentazioni geremiane, dove la riconciliazione fra il profeta e Dio è un'esperienza possibile ma superata da un qualcosa che sfugge, tanto è personale e profonda.

In tutto ciò il "metodo" del teologo Geremia è radicalmente originale e altrettanto stimolante: non domande e risposte su Dio, ma domande a Dio (e anche a se stesso) che lasciano l'orizzonte aperto anche alla possibilità del suo silenzio.

Seguirò il percorso teologico dal racconto della vocazione alle cinque confessioni, dando fra queste più ampio spazio all'ultima dove esso pare implodere nella crisi esistenziale e credente di Geremia, senza censure imposte da una qualche riduzione al "politicamente corretto" totalmente estranea al libro.

Vale la pena su questo definire a grandi linee i richiami linguistici e tematici più rilevanti. Su questo accordo mi inserirò recuperando il vissuto del profeta, necessario per individuare la sua percezione di Dio. Una teologia "dal basso", dunque, che non può prescindere da quel che l'uomo Geremia sente, vede, tocca ogni giorno nell'espletamento della sua missione profetica[2]. Nessuna dottrina imparaticcia, ma una proposta teologica che passa al banco di prova della sofferenza e perfino del silenzio di Dio.

[2] Mi muovo verso orizzonti completamente opposti, dunque, alle tradizionali teologie bibliche, che tentano di definire temi a partire dai dati letterari di un libro e dai loro collegamenti intertestuali, come quella di W. BRUGGEMANN, *The Theology of the Book of Jeremiah*, Cambridge University Press, New York 2007. Ne riconosco il pregio e la competenza nella trattazione ma scelgo una costruzione argomentativa diversa, volutamente parziale, al fine di non cedere alla tentazione dell'omologazione tematica. Fischer mi pare più acuto nel riconoscere nella speciale relazione di Geremia con Dio, in evidenza soprattutto nelle confessioni, una delle radici fondamentali della teologia del libro, cf. G. FISHER, *Jeremiah Studies: from Text and Contexts to Theology*, J.C.B. Mohr (P. Siebeck), Tübingen 2020, 332.

I

Vocazione e confessioni

1. Sugli studi in merito alla questione

Bisogna ascoltare dalla viva voce di Geremia il racconto della sua vocazione profetica e quello delle difficoltà legate all'esercizio del suo ministero, cioè il suo intimo tormento per l'esperienza del rifiuto dell'annunzio da parte del suo popolo, per capire a quale Dio egli parli, quale sia, cioè, il Volto e il Nome che ha innanzi a sé. Vi troveremo una riflessione teologica profondissima che, sebbene elaborata da un qualche gruppo discepolare del profeta, attinge alle tracce lasciate da lui nel suo lungo cammino di fede. Geremia, infatti, certamente ha segnato su più punti una svolta nella riflessione teologica ebraica che attingeva alle suggestioni della riforma giosiana e ne era a sua volta ispiratrice, condividendone l'intento purificatore.

Nell'amplissima letteratura esegetica su Geremia, costituita anche da alcuni pregevoli commentari a cominciare da quello antesignano di B. Duhm (1901)[3], le confessioni costituiscono un capitolo a se stante, tanto che nei diversi studi dedicati al libro se ne fa spesso riferimento all'interno di una specifica sezione. Vi sono anche alcuni studi monografici, sia sull'intero *corpus* dei testi sia su singole pericopi, che hanno affrontato la questione in maniera corposa e sistematica, passando progressivamente dalla centratura

---

[3] Cf. B. DUHM, *Das Buch Jeremia*, J.C.B. Mohr (P. Siebeck), Tübingen 1901.

tipica dei metodi storico-critici sull'origine dei testi, che inevitabilmente ha dato vita a ipotesi contrapposte, alla prospettiva sincronica in alcuni casi volutamente elusiva del problema della composizione degli scritti. Su queste coordinate come nel resto delle indagini esegetiche attuali, però, si va affermando il tentativo di equilibrare le due prospettive attraverso l'integrazione dei metodi diacronici con quelli sincronici.

Trasversalmente si è imposta una duplice linea interpretativa dei testi, quella individuale che spesso riconduce la composizione delle pericopi allo stesso Geremia, e quella collettiva, in cui si sottolinea l'attività di un gruppo di discepoli che dalla riflessione sull'esperienza del profeta ha tratto elementi paradigmatici di varia impostazione. Chiaramente anche su questo punto vi è una linea moderata che tenta una sintesi fra le due polarità.

Lo studio che ha fatto da apripista alla questione interpretativa moderna e contemporanea sulle confessioni è la dissertazione dottorale del tedesco W. Baumgartner, *Die Klagegedichte des Jeremia und die Klagepsalmen*[4], che, pur ereditando alcuni approfondimenti già messi in campo da altri studiosi fra cui quelli del citato Duhm, risulta innovativa sulla messa a tema della relazione fra due punti: l'accostamento con i salmi di lamentazione individuale e l'origine autonoma dei testi che sarebbero stati successivamente inseriti nel libro.

Sull'intuizione del rapporto delle confessioni con i salmi di lamentazione si sono mossi diversi autori, alcuni dei quali hanno posto l'accento sulla dimensione "mistica" di questi testi. In tal senso in particolare si sono collocati J. Wellhausen e dopo di lui J. Skinner, il quale nel 1922 dedica alle

---

[4] Ripresa e pubblicata l'anno successivo con il semplice titolo: *Die Klagegedichte des Jeremia*, A. Töpelmann, Giessen 1917.

confessioni un capitolo del suo *Prophecy and Religion*[5]. Entrambi insistono sull'interpretazione individuale dei testi, proponendo l'esperienza interiore di Geremia come sorta di modello del vero incontro personale con Dio. A questi studi, due decenni dopo, si è aggiunto l'articolo di D.H. Blank, *The Confessions of Jeremiah and the Meaning of Prayer*[6].

Si schiude progressivamente la declinazione psicologica di questo filone interpretativo, riguardo alla quale è spesso ricordato lo studio di J.L. Mihelic del 1960 che parla delle confessioni come un "diario personale" di Geremia[7].

In realtà questa prospettiva facilmente scivolerà in ricostruzioni comunque ipotetiche della situazione psicologica in qualche modo disturbata di Geremia con riflessi non sempre convincenti sull'analisi dei testi. Rimane tuttavia legittimo il tentativo di utilizzare l'apporto delle scienze psicanalitiche in inferenza con l'analisi letteraria dei testi.

L'intuizione del nesso tra le confessioni e il salterio si è evoluta anche in senso opposto, cioè verso l'interpretazione collettiva, in cui la figura di Geremia è colta come un paradigma per parlare della sofferenza sia in relazione alla situazione storica del popolo sia sul piano eminentemente antropologico.

---

[5] Cf. J. SKINNER, *Prophecy and Religion*, Cambridge University Press, Cambridge 1922.

[6] Cf. D.H. BLANK, *The Confessions of Jeremiah and the Meaning of Prayer*, in «HUCA» 21 (1948) 331-345.

[7] Cf. J.L. MIHELIC, *Dialogue with God. A Study on Some Jeremia's Confessions*, in «Int» 14 (1960) 43-51. Davidson attribuisce questa denominazione anche al racconto della vocazione, cf. R. DAVIDSON, *Jeremiah*, I, Westminster John Knox Press, Louisville - London 1983.

Primi esponenti di questa lettura, maggiormente attestata nella scuola tedesca, furono un articolo di J.J. Stamm del 1955[8], una monografia di H.G. Reventlow[9] e i commentari di A. Weiser[10] e di W. Rudoph[11].

Seguendo questa direzione A.H.J. Gunneweg nel suo articolo: *Konfession oder Interpretation in Jeremiabuch*[12], ha tentato di smantellare la declinazione psicologica dell'indagine sul *corpus* delle confessioni. Più di recente la questione è stata sintetizzata e affrontata da T. Polk[13].

Chiaramente le diverse interpretazioni collettive insistono sul carattere tardivo dei testi, che si porrebbero come successivi al profeta, mentre quanto più s'insiste sulla linea individuale tanto più essi vengono avvicinati alla figura e all'epoca di Geremia.

Questo doppio filone della ricerca sulle confessioni perdura anche nel ventennio 1980-1990, cui si riconducono gli ultimi grandi studi sulla questione, a cominciare dal poderoso commentario di W. Holladay[14] e dallo

---

[8] Cf. J.J. STAMM, *Die Bekenntnisse des Jeremia*, in «Kirchenblatt für die reformierte Schweiz» 111 (1955) 354-357.370-375.

[9] Cf. H.G. REVENTLOW, *Liturgie und prophetisches Ich bei Jeremia*, G. Mohn, Gütersloh1963.

[10] Cf. A. WEISER, *Das Buch Jeremia: Kapitel 1-25,14*, Vandenhoeck & Ruprecht, Göttingen 1952 (tr. it., *Geremia. Capitoli 1-25,14*, Paideia, Brescia 1987.

[11] Cf. W. RUDOPH, *Jeremia*, , J.C.B. Mohr (P. Siebeck), Tübingen 1958.

[12] Cf. A.H.J. GUNNEWEG, *Konfession oder Interpretation in Jeremiabuch*, in «ZThK» 67 (1970) 395-416.

[13] L'autore focalizza la sua attenzione proprio sulle confessioni in un capitolo dal titolo: *The Confessions: the prophet as Exemplar and Metaphor*, cf. T. POLK, *The Prophetic Persona: Jeremiah and the Language of the Self*, JSOT Press, *Trowbridge* 1984, 127-162.

[14] Cf. W. HOLLADAY, *Jeremiah*, Fortress Press, Philadelphia 1986-1989.

studio monografico di H. Mottu, *Les "confessions" de Jérémie. Une protestation contre la souffrance*[15].

Fra i maggiori esponenti dell'interpretazione collettiva, in quel periodo, vi sono R.P. Carroll[16] e, prima di lui, H. Donner che aveva letto le confessioni come elemento paradigmatico della vicenda biografica dei profeti in un articolo dall'eloquente titolo: *The Confessions of Jeremiah. Their Significance for the Prophet's Biografy*[17].

Si è fatto strada, dicevo, anche un atteggiamento di rivalutazione della sincronia dei testi che, pur non accantonando le complesse questioni relative alla loro composizione, mira al recupero del loro legame con il contesto e, dunque, sia con la vicenda di Geremia sia con il contenuto del suo messaggio. Su questa linea si collocano due studi pubblicati quasi contemporaneamente, uno dato alle stampe nel 1987 da A.R.P. Diamond[18] e l'altro, l'anno successivo, da K.M. O' Connor[19].

In ambito italiano questa direzione è stata seguita dal pregevole lavoro di G. Barbiero, *«Tu mi hai sedotto, Signore». Le confessioni di Geremia alla luce della sua vocazione profetica*[20], centrato sul tentativo di considerare le

---

[15] Cf. H. MOTTU, *Les "confessions" de Jérémie. Une protestation contre la souffrance*, Labor et Fides, Geneve 1985. Dello stesso autore cf. *Aux sources de notre vocation: Jérémie 1,4-19*, in «RThPh» 114 (1982) 105-119.
[16] Cf. R.P. CARROLL, *Jeremiah*, Westminster John Knox Press, Louisville - London 1986.
[17] Cf. H. DONNER, *The Confessions of Jeremiah. Their Significance for the Prophet's Biografy*, in «OTWSA» 24 (1981) 55-66.
[18] Cf. A.R.P. DIAMOND, *The Confessions of Jeremiah in Context. Scenes of Prophetic Drama*, Sheffield Academic Press, Sheffield 1987.
[19] Cf. K.M. O' CONNOR, *The Confessions of Jeremiah: Their Interpretation and Role in Chapters 1-25*, Scholars Press, Atlanta 1988.
[20] Cf. G. BARBIERO, *«Tu mi hai sedotto, Signore». Le confessioni di Geremia alla luce della sua vocazione profetica*, Gregorian and Biblical Press, Roma 2013. È dell'anno

confessioni in rapporto al racconto della vocazione che ne sarebbe una derivazione posteriore. L'autore poggia la sua argomentazione su un'indagine letteraria particolarmente attenta, contrassegnata da frequenti puntualizzazioni sintetiche, e ritiene che i brani in questione vadano letti nel contesto in cui sono attualmente collocati, valorizzando in tal modo l'indagine sincronica. L'interpretazione oscilla fra le due posizioni, individuale e collettiva, ritenendo che le confessioni siano legate originariamente a Geremia ma in seguito siano state rielaborate da discepoli[21].

Senza esservi globalmente dedicato, già tre anni prima anche il volume di M. Cucca, *Il corpo e la città*, poneva l'accento sulle relazioni intertestuali fra il racconto della vocazione e Ger 20,7ss., di cui si mettevano in rilievo anche i nessi con il contesto dei vv. 1-6, sulla linea del recupero del senso dei singoli brani sull'orizzonte ampio della chiamata profetica di Geremia[22].

Il *corpus* dei testi vocazione-confessione è allo stato definitivo di composizione del libro una riflessione sulla relazione di Geremia con YHWH. Vi si propone un itinerario che per un verso si evolve fino all'ultima confessione attraverso i toni accesi di chi si sente stretto fra le pressioni dei persecutori e il senso del tradimento da parte di Dio, e per un altro è inserito nel complesso della vicenda del profeta, con la sua evoluzione finale prima

---

precedente il volume dello stesso autore: *Le confessioni di Geremia. Storia di una vocazione profetica*, Paoline, Cinisello Balsamo 2012.

[21] Nel complesso forse il volume risulta un po' troppo accomodante su questo punto come è opinabile l'ipotesi che la vocazione sia testo sicuramente successivo alle confessioni. Non è da escludere infatti che si tratti di un insieme di testi contemporanei, elaborato su una matrice antica. Non per questo, però, si deve per forza passare alla lettura collettiva eludendo quella individuale.

[22] Cf. M. CUCCA, *Il corpo e la città. Studio del rapporto di significazione paradigmatica tra la vicenda di Geremia e il destino di Gerusalemme*, Cittadella, Assisi 2010, 65-148.

verso l'annunzio della "nuova alleanza" e dopo nella "salvezza" personale dalla deportazione in Babilonia.

Sul versante della definizione della forma letteraria giustamente si è messo in luce l'insufficienza della definizione di questi testi come "confessioni", a favore del loro accostamento ai salmi di lamentazione, posto che le cinque pericopi sono centrate sul dialogo fra Geremia e YHWH riguardo la situazione di sofferenza in cui il profeta si trova. Va, tuttavia, considerato il fatto che al loro interno si trovano inflessioni sapienziali, passi accostabili alla forma del soliloquio, sezioni dominate dal tono laudativo. Ci si trova di fronte a un genere misto, in relazione al quale anche la definizione di *qinah* a mio avviso risulta insufficiente, pur essendo utile a indicare l'ossatura su cui è stato elaborato una sorta di "salterio" geremiano proprio sul tema della relazione che fra Dio e il profeta apparentemente compromessa, ma in realtà sostanziata, dall'esperienza della sofferenza di quest'ultimo.

Alcuni dati acquisiti, su cui mi muovo nell'elaborazione della mia riflessione, ruotano attorno al fatto che la vocazione è la chiave di violino sui piani letterario, esistenziale, teologico delle confessioni. D'altra parte esse hanno in parte una struttura dialogica, in cui YHWH inizialmente entra *in media res*, indicando al suo profeta la via da percorrere. Permane una profonda riflessione sull'interiorità di Geremia, per cui la denominazione tradizionale non risulta del tutto inopportuna e per questo continuo a utilizzarla, pur consapevole di esemplificare il problema. Ne dò avvertenza e al tempo stesso ne faccio ammenda.

2. Sulle relazioni letterarie e tematiche nel *corpus* vocazione-confessioni

È mia intenzione solo riconsiderare alcune rilevazioni in gran parte già proposte da diversi biblisti sugli elementi che saldano il racconto della vocazione con le cinque confessioni, selezionandoli in riferimento alla relazione di Geremia con YHWH. Si tratta di un lavoro previo all'analisi dei testi, semplificativo ma necessario come può essere preparare il campo per la seminagione.

2.1. Geremia si racconta

L'uso dei verbi in prima persona è pervasivo in tutte le pericopi interessate, così come vi abbonda quello del pronome personale espresso enfaticamente, posto che per sé nella grammatica ebraica esso non è necessario.

In Ger 1,4, versetto iniziale del racconto della vocazione, emerge immediatamente il passaggio dalla terza persona della soprascritta (Ger 1,1-3) al racconto in prima persona.

È il punto di partenza della narrazione: וַיְהִי דְבַר־יְהוָה אֵלַי, lett.: «E fu la parola del Signore a me», dove l'ultimo lemma, "a me", stabilisce i termini della relazione profonda fra l'evento della parola divina e il profeta che ne è il primo destinatario. Se ne dirà.

A seguire all'interno della pericope, in Ger 1,7.9.11.12.13.14, la particella con il suffisso di prima persona singolare ricorre a più riprese in riferimento alla parola rivelata e comandata da YHWH a Geremia e si ripresenta in Ger 18,19 all'interno di in una supplica del profeta a Dio. Nel racconto della vocazione, inoltre, vi sono ricorrenze del pronome personale riferito a Geremia in Ger 1,6.7 (אָנֹכִי) e in Ger 1,11.13 (אֲנִי), mentre nelle confessioni si ritrova in Ger 17,18.

Vi fanno riscontro le ricorrenze del pronome in riferimento a Dio, in Ger 1,8.12.17-19, che, però, sono collocate all'interno del resoconto geremiano. In sostanza è il profeta che sta raccontando e riportando le parole che YHWH gli rivolge.

Dunque, sin dal racconto della vocazione il confronto di Geremia con Dio è serrato, ricchissimo di sfumature e di provocazioni dall'uno e dall'altro "fronte". Geremia racconta e si racconta in lotta con YHWH e su questo piano si colloca tanto la sua vocazione, cioè la percezione della chiamata al ministero profetico, quanto l'espletamento della sua missione.

D'altra parte l'io narrante di Geremia parla anche di lotte esterne, cioè del rapporto conflittuale con i suoi delatori fra il popolo, cui è indotto dalla chiamata divina.

Ad ogni modo, ci si trova dentro un livello d'intimità fra YHWH e Geremia, la cui vocazione non ha nulla a che vedere con le grandiose scene della chiamata di Isaia o di Ezechiele. Le confessioni, inoltre, vertono sul questionamento di Dio da parte del profeta che scaturisce dalle condizioni di ostracismo in cui Geremia deve mettere in atto la sua missione ma che si svolge tutto nella stessa profondità del suo incontro-scontro con YHWH.

Conflittualità radicale, dunque, che coinvolge e travolge il profeta, in definitiva in lotta innanzitutto con se stesso.

Il rapporto fondamentale fra la vocazione e i testi delle confessioni, infatti, è nell'espressione del mondo interiore di Geremia, in cui si colloca il suo percorso umano, credente e ministeriale, in realtà plasmato paradossalmente dal conflitto.

2.2. *Arché* teologico e *arché* umano

Intendo qui considerare il principio generativo e permanente, cioè l'elemento nativo da cui scaturisce l'esperienza umana, credente e ministeriale di Geremia. In questo senso utilizzo il termine greco che applico al livello teologico e a quello antropologico per chiarezza intellettuale ed esplicativa del mio dire, posto che, in realtà, quel che è alla radice sul piano teologico lo è anche su quello antropologico e viceversa.

Leggendo la narrazione biografica del libro, e nello specifico il *corpus* vocazione-confessioni, il primo elemento che è consegnato al lettore è l'accadimento dell'evento della parola divina nella vita del profeta. L'espressione: «E fu la parola del Signore a me» di Ger 1,4 è amplificata in Ger 1,9 nel gesto con cui YHWH "pone" le sue parole sulle labbra del chiamato.

È questo propriamente il dato teologico fondamentale da cui scaturisce l'esperienza profetica di Geremia, che egli espressamente richiama in Ger 15,16, all'interno della seconda confessione:

נִמְצְאוּ דְבָרֶיךָ וָאֹכְלֵם וַיְהִי דְבָרֶיךָ לִי לְשָׂשׂוֹן

וּלְשִׂמְחַת לְבָבִי כִּי־נִקְרָא שִׁמְךָ עָלַי יְהוָה אֱלֹהֵי צְבָאוֹת

«Le tue parole furono trovate e le divorai, allora le tue parole[23] furono per me letizia e gioia del mio cuore perché il tuo nome era stato invocato sopra di me, Signore Dio degli eserciti».

Il riferimento alle "parole trovate" è stato inteso come un passivo teologico e quindi andrebbe esattamente sulla linea di Ger 1,9[24]. Ci si muove su registri metaforici comunque convergenti riguardo al significato del rapporto che Dio stabilisce con Geremia sulla base della consegna della sua parola/delle sue parole. Le due immagini, infatti, sembrano concatenarsi: le parole prima messe sulla bocca ora vengono addirittura mangiate, metafora, questa, di assimilazione e interiorizzazione della rivelazione divina[25]. Portare il nome di YHWH, d'altra parte, potrebbe indicare la consapevolezza del profeta di appartenere a Dio ed è comunque un elemento identitario ben preciso[26].

Tuttavia, nell'ultima confessione, in Ger 20,8, il profeta afferma che la parola del Signore è divenuta per lui motivo di scherno da parte dei suoi delatori:

---

[23] Il riferimento alla parola divina in Ger 15,16 è incerto riguardo al numero, posto che alcune lezioni usano il singolare, דְבָרְךָ, mentre altre il plurale, דְבָרֶיךָ. Ci orientiamo su questa seconda lezione che si pone in sovrapposizione alla prima ricorrenza.

[24] Cf. G. BARBIERO, *«Mi ha sedotto, Signore»*, 126.

[25] Non siamo lontani dal concetto espresso in Ez 1,2,8-3,3 con l'immagine del rotolo ingoiato da Ezechiele al momento della sua chiamata profetica. Si coglie un tono di contrapposizione con i nemici del profeta che hanno Dio sulle labbra ma non nel cuore, come è evidenziato in Ger 12,2. Infatti, nella vita dei persecutori di Geremia, il riferimento a Dio è solo superficiale, cf. E.J. HERNÁNDEZ, *Geremia. Mi hai sedotto, Signore!*, Chirico, Napoli 2002[2], 198.

[26] Holladay ritiene che si debba leggere questo elemento in senso nuziale: Geremia porta il nome di YHWH come una sposa riceve quello dello sposo, cf. W. HOLLADAY, *Jeremiah*, I, 98.

כִּי־הָיָה דְבַר־יְהוָה לִי לְחֶרְפָּה וּלְקֶלֶס כָּל־הַיּוֹם

«Poiché la parola del Signore fu per me come vergogna e motivo di derisione ogni giorno».

Il ribaltamento della situazione con quanto evidenziato nella seconda confessione è sottolineato dall'identica costruzione sintattica:

il verbo היה + il lemma דְּבָרֶיךָ / דְבַר־יְהוָה + לִי + l'apposizione introdotta sempre dalla preposizione לְ, che però nei due contesti è legata a termini esattamente antitetici: letizia e gioia nel primo caso; vergogna e derisione nel secondo. Nel passaggio dal plurale דְּבָרֶיךָ al singolare דְבַר־יְהוָה si potrebbe rilevare un riferimento al dato complessivo della rivelazione divina, mentre prima s'indicavano le singole "parole" ricevute da Geremia. Questo dato comporterebbe la consapevolezza del profeta che, tirando le somme, la sua missione presso il popolo è stata per lui un'esperienza disastrosa e che ha finito per schiacciarlo.

Tornando al racconto della vocazione, il secondo punto ad essere messo in rilievo, in Ger 1,5, è la generazione del profeta con riferimenti che lo accomunano alla parte conclusiva dell'ultima confessione, Ger 20,17-18. Vi si trovano contatti letterali evidentissimi, grazie alla ripresa del sostantivo רֶחֶם (Ger 1,5; 20,17.18) e della radice verbale יצא (Ger 1,5; 20,18). L'intenzionalità dell'inclusione risulta palese dal fatto che nell'ultima confessione il tema compare *ex abrupto*, dopo la lode al Signore presente ai vv. 11-13.

I riferimenti alla generazione fisica del profeta fanno da sfondo a quelli al coinvolgimento della corporeità del profeta presenti nel libro e ampliati sul piano psicofisico già nel racconto della vocazione e ancor più nelle confessioni. Ne trovo esplicitazione nelle conseguenze su Geremia delle azioni dei nemici e nella paradossale solidità davanti alla persecuzione che gli viene dall'opera divina nei suoi confronti.

Nella vocazione il rapporto fra questi due elementi è significato nell'applicazione a Geremia della metafora della città fortificata e imprendibile, in Ger 1,18-19, in contrappunto con la fragilità della capitale davanti agli invasori, paventata nella seconda delle due visioni collocate al centro del brano. L'immagine è ripresa e sviluppata nella seconda confessione, in Ger 15,20, con sovrapponibilità sia del registro simbolico sia del vocabolario.

Ger 1,18-19:

וַאֲנִי הִנֵּה נְתַתִּיךָ הַיּוֹם לְעִיר מִבְצָר וּלְעַמּוּד בַּרְזֶל
וּלְחֹמוֹת נְחֹשֶׁת עַל־כָּל־הָאָרֶץ לְמַלְכֵי יְהוּדָה לְשָׂרֶיהָ
לְכֹהֲנֶיהָ וּלְעַם הָאָרֶץ
וְנִלְחֲמוּ אֵלֶיךָ וְלֹא־יוּכְלוּ לָךְ

«Ma io ecco oggi ti pongo come una città fortificata, come una colonna di ferro e come mura di bronzo, contro tutto il paese, i re di Giuda, i suoi capi, i suoi sacerdoti e il popolo della terra (i proprietari terrieri), allora ti muoveranno guerra ma non prevarranno su di te».

Ger 15,20:

וּנְתַתִּיךָ לָעָם הַזֶּה לְחוֹמַת נְחֹשֶׁת בְּצוּרָה
וְנִלְחֲמוּ אֵלֶיךָ
וְלֹא־יוּכְלוּ לָךְ

«Ti rendo per questo popolo come mura di bronzo inaccessibili, allora ti muoveranno guerra ma non prevarranno su di te».

Alla radice si pone da parte di YHWH non una semplice promessa di assistenza, ma quella di essere "con" lui, che, dunque, è centro e principio strutturante di tutto quanto Geremia vive e di quel che egli percepisce di Dio.

La presenza del Signore accanto a Geremia, infatti, è tema che emerge trasversalmente nel *corpus*, pure questo con sovrapponibilità di vocabolario.

Ger 1,19:

כִּי־אִתְּךָ אֲנִי נְאֻם־יְהוָה לְהַצִּילֶךָ

«Poiché io sarà con te, oracolo del Signore, per liberarti».

Ger 15,20:

כִּי־אִתְּךָ אֲנִי לְהוֹשִׁיעֲךָ וּלְהַצִּילֶךָ

«Poiché io sarò con te per salvarti e per liberarti».

Ger 20,11:

וַיהוָה אוֹתִי

«Il Signore è con me».

Nei primi due casi è YHWH ad assicurare la sua presenza accanto al profeta, nell'ultimo è questi a metterla in evidenza, salvo immediatamente dopo tornare a contestare tutto con la maledizione del giorno della sua nascita.

I dati che qui semplicemente rilevo in maniera descrittiva pongono Geremia all'interno di una relazione vitale con Dio, che lo ha voluto, gli si è rivelato, gli sta accanto nelle avversità. Quel che Geremia è e sarà, dunque, dipende da Dio!

2.3. Il contesto narrativo delle confessioni

Barbiero ritiene, con tanti altri, che probabilmente le confessioni inizialmente formavano un testo unico, successivamente smembrato e inserito all'interno del *corpus* del libro[27]. Si tratta di un'ipotesi verosimile ma che comunque non può essere conclusiva della questione, posto che potrebbe anche valere l'inverso, cioè che anziché essere testi antichi ritoccati, le confessioni facciano parte di un'opera di revisione del libro e appartengano tutti ad una mano che le ha scritte *ad hoc* per essere inserite nel contesto letterario preesistente. Si potrebbe addirittura ipotizzare che anche il racconto della vocazione appartenga allo stesso livello di composizione.

Ad ogni modo il contesto narrativo delle singole pericopi colloca il percorso tematico delle confessioni all'interno di quello esistenziale del profeta in un crescendo drammatico.

Nella disposizione del testo ebraico solitamente è individuata una prima grande parte del libro nei capitoli 2-25[28], che sono organizzati secondo l'ordine cronologico della missione di Geremia: Giosia (1-6), Ioiakim (7-20) e l'ultimo periodo (21-24) con la lettera agli esiliati (25) e contengono oracoli che hanno per oggetto Giuda e Gerusalemme, quasi sempre, con tono di condanna. I temi fondamentali sono il peccato, il giudizio, il tempio, la condanna dei profeti di pace. Diversi commentatori all'interno di questa

[27] Cf. G. BARBIERO, *«Mi ha sedotto, Signore»*, 63.

[28] Ne è stata determinata perfino la distinzione di volumi di uno stesso commentario, come nel caso di quello delle collane *Word Biblical Commentary*: P.C. CRAIGIE - P.H. KELLEY - J.F. DRINKARD JR., *Jeremiah 1-25*, Word Books Publisher, Grand Rapids 1991 e G.L. KEOWN - P.J. SCALISE - T.G. SMOTHERS, *Jeremiah 26-52*, Word Books Publisher, Grand Rapids 1995, e The Cambridge Bible Commentary: E.W. NICHOLSON, *Jeremiah 1-25*, Cambridge University Press, New York 1973; *Jeremiah 26-52*, Cambridge University Press, New York 1975.

prima parte del libro hanno rilevato la macrounità costituita dai capitoli 11-20 in cui si collocano tutte le confessioni[29]. Questa sezione è di forte impronta deuteronomistica ed è centrata sulla maledizione che giunge al popolo a causa della sua disobbedienza a YHWH. A Geremia tocca l'ingrato compito di farsene portavoce. Se ne ha un paradigma in Ger 11,1-14, brano-tipo della predicazione geremiana antecedente alla prima deportazione in Babilonia, dove è enunciata la fine del popolo come estrema conseguenza del suo peccato[30]. La persecuzione paventata all'interno del racconto della vocazione in relazione all'annunzio della sventura imminente, si concretizza in una pedissequa attività di discredito nei confronti del profeta, di cui le confessioni sono il risvolto sul piano personale.

La prima di esse, Ger 11,18-12,6, si struttura in quattro parti dialogate: la lamentazione di Geremia, 11,18-20; la risposta di YHWH, 11,20-23; la ripresa di Geremia, 12,1-4, e la conclusione di YHWH, 12,5-6. Il profeta, a differenza del popolo, è obbediente alla parola del Signore e per la sua predicazione sperimenta la persecuzione con atteggiamento umile, tanto da paragonarsi a un agnello mansueto condotto al macello. Tuttavia, come dirò,

---

[29] Cf. L.C. ALLEN, *Jeremiah. A Commentary*, Westminster John Knox Press, Louisville - London 2008, 14; J.A. THOMPSON, *The Book of Jeremiah*, W.B. Eerdmans Publishing Company, Grand Rapids 1980, 28. Bruggemann precisa la delimitazione della sezione in Ger 11,18-20,18, argomentandola in relazione al messaggio di condanna di Gerusalemme, cf. W. BRUGGEMANN, *A Commentary on Jeremiah. Exile & Homecoming*, W.B. Eerdmans Publishing Company, Grand Rapids 1998, 113.

[30] Il brano si regge tutto sulla contrapposizione tipica del pensiero deuteronomista: il dono dell'alleanza da parte di Dio, cui Egli rimane in tutto fedele, e la disobbedienza d'Israele che di fatto è l'essenza della maledizione. Quest'ultima non è solo una conseguenza della disobbedienza, ma le è insita. Perciò l'invito iniziale all'ascolto delle «parole di questa alleanza», contenuto nel v. 2, si sviluppa nell'esplicitazione del peccato del popolo, inteso esattamente come non-ascolto all'interno di una storia d'iniquità. La calamità che ne deriva è, dunque, la messa in luce di questa dimensione di distanza che Israele ha assunto nei confronti di YHWH e della sua alleanza, così da smentire sul profilo umano la formula che la sancisce: «Voi sarete mio popolo e io sarò vostro Dio» (Ger 11,4).

proprio in questo inizio s'innesta il questionamento di Dio. Ad ogni modo è YHWH che svela al profeta gli intrighi dei suoi oppositori, chiarendo che si tratta degli uomini di Anatot, cioè dei compaesani/familiari di Geremia. Questo tema si collega con i capitoli 11-12, che sono centrati sull'elezione tradita, sviluppata su due livelli, quello affettivo e quello della metafora vegetale[31].

L'immagine minacciosa dell'albero strappato nel suo rigoglio riferita alle intenzioni dei persecutori nei confronti di Geremia in Ger 11,19 e quella dei malvagi "piantati" in Ger 12,2, collegano la prima confessione con quanto la precede, mentre il nesso con ciò segue è giocato soprattutto sul parallelo che si stabilisce fra il tradimento dei familiari nei confronti di Geremia e quello del popolo verso Dio.

La seconda confessione, Ger 15,10-21, invece, si collega ai capitoli 14-15. Il riferimento al giudizio divino sul popolo è posto in rapporto a una situazione di siccità enunciata in Ger 14,1. Seguono un lamento da parte del popolo e, strutturata in due parti, la risposta di Dio che si rivolge alternativamente al popolo e a Geremia: lamento, Ger 14,2-9, risposta, Ger 14,10-16, lamento, Ger 14,17-22, risposta: Ger 15,1-9. A Geremia è fatto divieto di intercedere, in quanto il suo compito s'inserisce unicamente nella rivelazione del giudizio divino sulla città santa, desolata e distrutta.

Anche la seconda confessione ha una struttura dialogica. L'attacco è affidato al profeta che si rivolge alla madre che l'ha generato come אִישׁ רִיב:

[31] Ger 11,15-17 fa ampiamente riferimento a questi due registri espressivi: «il mio amato»; «la mia casa» (v. 15); «l'olivo verdeggiante» (v. 16). Il capitolo 12 sviluppa ulteriormente il tema dell'elezione in riferimento alla terra (cf. Ger 12,10.11.12.14-17) ma innanzitutto si apre con una lamentazione in Ger 12,7-13 in cui YHWH denuncia l'infedeltà del suo popolo.

«uomo di contesa» (Ger 15,10) per evolversi in due interventi di YHWH (vv. 11-14.19-21) alternati con uno centrale di Geremia (vv. 15-18).

Il rapporto causa-effetto è posto proprio sull'annunzio di sventura che diventa per Geremia causa di sofferenza, posto che il popolo da lui vorrebbe sentirsi dire ben altre cose. Se la prima confessione era centrata su un problema di teodicea (perché ci sono i malvagi?) e insisteva sulla persecuzione subita da Geremia da parte dei suoi concittadini, qui la questione si fa più intima e comincia a svelare la sua radice nel fatto che l'annunzio della condanna diventa per Geremia il motivo di una crisi umana e di fede, per cui egli si rivolge prima a colei che l'ha generato e in seconda battuta direttamente a YHWH in un atteggiamento di aperta sfida.

La struttura del capitolo 17, in cui si colloca la terza confessione, è dibattuta. Mentre si accetta generalmente la prima unità dei vv. 1-4 e l'ultima dei vv. 19-27[32], la parte centrale è stata suddivisa in due[33] o più sezioni, fino alle cinque unità proposte da Duhm. G. Barbiero propone la seguente suddivisione: 1-4; 5-11; 12-13; 14-18; 19-27, ma sottolinea a più livelli gli elementi che raggruppano le diverse parti del capitolo[34].

---

[32] Cf. A. WEISER, *Geremia*, 285-287.

[33] In genere i vv. 5-11 e i vv. 12-18 oppure i vv. 5-13 e i vv. 14-18.

[34] Cf. G. BARBIERO, *«Mi ha sedotto, Signore»*, 147-149. La sua analisi è molto dettagliata e qui ne richiamo soltanto alcuni elementi: per i vv. 1-4 e 5-11, il riferimento al "cuore" (v. 1, il peccato di Giuda è scritto sul loro cuore; v. 5, è maledetto chi col cuore si allontana da Dio; v. 9, l'astuzia del cuore; v. 10, YHWH scruta il cuore); per le parti centrali, l'espressione "viene il caldo" e "l'anno della siccità" al v. 8 possono essere messe in rapporto con il "venire" della parola divina al v. 15 e il "venire" del giorno della sciagura al v. 18. Inoltre, il tema del giudizio si trova ai vv. 16.17 in rapporto alla connotazione cronologica del "giorno"; la metafora della malattia è presente nei vv. 9.14.16; il riferimento al fuoco include l'intero capitolo.

In linea generale l'unità del capitolo è basata sulla contrapposizione fra Geremia e il suo popolo, che è particolarmente espressa al v. 18:

יֵבֹשׁוּ רֹדְפַי וְאַל־אֵבֹשָׁה אָנִי יֵחַתּוּ הֵמָּה

וְאַל־אֵחַתָּה אָנִי הָבִיא עֲלֵיהֶם יוֹם רָעָה וּמִשְׁנֶה שִׁבָּרוֹן שָׁבְרֵם

«Siano confusi i miei persecutori, non io sia confuso; siano spaventati essi, non io sia spaventato; fa venire su di loro il giorno della calamità e colpiscili con doppia distruzione!».

A fare da sfondo allo scontro fra il profeta e i suoi destinatari è la riflessione sapienziale dei vv. 5-8 centrata sulla contrapposizione fra l'uomo che confida nell'uomo e quello che confida in YHWH, e fra la maledizione dell'uno e la benedizione dell'altro. Dunque, la confessione propriamente detta collocata ai vv. 14-18, in realtà, è inserita in un contesto più ampio cui è strettamente legata e senza la quale non può essere compresa. La parte del capitolo che la precede include il fondamento sapienziale dei vv. 5-8, un intervento che può attribuirsi allo stesso Geremia al v. 9, la parola divina dei vv. 10-11 centrata sulla conoscenza profonda che YHWH ha del cuore umano, un inserimento contenuto ai vv. 12-13a forse attribuibile a Giuda o a Geremia e un ultimo intervento di Dio al v. 13b. Il capitolo è incluso dal riferimento al peccato di Giuda.

Ancora una volta Geremia è colpito dai delatori a motivo del suo annunzio e presenta questa sua situazione a YHWH. Si tratta, però, di un'evoluzione rispetto alle precedenti confessioni perché adesso il profeta chiede la guarigione e la salvezza dalla sua situazione difficile. In definitiva, a YHWH che prima per due volte gli ha impedito l'intercessione per il popolo, Geremia ora domanda il giudizio, cosicché di primo acchito si ha l'impressione di trovarsi a un punto di svolta nel suo percorso interiore che sembrerebbe portarlo verso una ritrovata comunione con Dio.

Le ultime due confessioni, Ger 18,18-23 e Ger 20,7-18, appartengono a un unico contesto letterario, delineato molto meglio che nei casi precedenti, a testimonianza di un lavoro di composizione certamente di mano deuteronomistica[35]. Si tratta di Ger 18-20. Questi tre capitoli formano un dittico le cui parti, Ger 18 e Ger 19-20, hanno una struttura perfettamente parallela[36].

A Ger 18,1-10 corrisponde Ger 19,1-2.10-11. In entrambi i casi l'avvio è dato da un'azione simbolica centrata sull'immagine dell'argilla lavorata e cotta, ma mentre nel primo si narra di un artigiano che plasma il vaso e lo rifà quando il lavoro non dà il risultato sperato, nel secondo è il profeta a dover rompere dei vasi già cotti in modo da renderli del tutto irrecuperabili.

Ger 18,11 ha riscontro in Ger 19,3-9.12-15 sull'annunzio del giudizio ad esplicitare il significato dell'azione simbolica. Ger 18,18 e Ger 20,1-6, invece, presentano la persecuzione di Geremia come conseguenza della sua predicazione e, infine, Ger 18,19-23 e Ger 20,7-18 sono le due confessioni del profeta.

Fra le due sezioni v'è un crescendo che emerge già dall'azione simbolica, posto che la prima esprime ancora la possibilità di un intervento da parte di Dio a favore del suo popolo, mentre la seconda ne indica la fine. Su questo presupposto nell'ermeneutica del gesto compiuto dal profeta non sussiste la possibilità della conversione che invece è presente in Ger 18,11.

---

[35] Cf. W. THIEL, *Die deuteronomistische Redaktion von Jeremia 1-25*, Neukirchener Verlag, Neukirchen-Vluyn 1973, 210-229.

[36] Cf. G. BARBIERO, *«Mi ha sedotto, Signore»*, 209.

Il tenore delle due confessioni è strettamente legato a questa evoluzione drammatica del rapporto fra YHWH e il suo popolo ribelle.

La quarta confessione, partendo ancora dal tema della persecuzione del profeta, si conclude con una sua preghiera in cui egli si appella a YHWH per chiedere di non coprire le colpe del popolo e punirlo (cf. Ger 18,23).

Nell'ultima confessione, invece, Geremia ringrazia il Signore per essere il suo Salvatore, lasciando intendere di essere stato esaudito. Tuttavia, l'automaledizione conclusiva chiude il *corpus* sul dramma interiore del profeta che sfocia nel rifiuto della sua stessa vita.

II
Prospettive teologiche

3. Prima della madre.
Generazione e vocazione del profeta in Ger 1,4-19

Come una grande porta di accesso a una città antica, Ger 1,4-19 introduce alla lettura del libro di Geremia, a sua volta monumentale nella sua concezione e nel suo messaggio[37]. Non v'è nulla di ampolloso nel racconto ma una sottile orditura di richiami letterari e tematici sia interni al brano a dichiararne l'unità, sia trasversali all'intera opera ad anticiparne il contenuto.

La forma è raffinatissima, il messaggio è profondo e potente, perciò mi ci dedico e, incalzando sulla metafora enunciata, lo faccio parlando di materiale architettonico e di architettura del racconto, nella consapevolezza che l'arte del narrare somigli profondamente a quella del costruire un edificio, tanto più che nelle Scritture l'Architetto è lo Spirito che le ha ispirate e misteriosamente armonizzate.

[37] I tratti del racconto di vocazione si riscontrano soprattutto nei vv. 4-10, ragion per cui non sono pochi i commentatori che preferiscono individuare due pericopi distinte fra questi versetti e i successivi 11-19. Si veda tra l'altro Boadt che parla di *Jeremiah's commission* nel primo caso e *vision and support* nel secondo, cf. L. BOADT, *Jeremiah 1-25*, Wipf and Stock Publishers, Eugene 2008, 6.13. In realtà, pur nella differenziazione delle sezioni, il testo fluisce da una all'altra senza cambio di indicazioni spazio-temporali o di protagonisti.

3.1. Il materiale architettonico del racconto

L’autore del racconto ha usato a profusione le tecniche compositive più raffinate della letteratura ebraco-biblica: parallelismi, chiasmi, assonanze, metafore, personificazioni[38].

Due blocchi di ripetizioni strutturano l’intera pericope.

V’è, innanzitutto, quello costituito dai riferimenti alla parola, sia divina sia profetica.

Della formula di rivelazione וַיְהִי דְבַר־יְהוָה אֵלַי לֵאמֹר si hanno tre ricorrenze, ai vv. 4.11 e 13, con la variante nell’ultima dell’aggiunta dell’avverbio שֵׁנִית: «una seconda volta». In altri tre casi l’intervento divino rivolto a Geremia è introdotto dall’espressione וַיֹּאמֶר יְהוָה אֵלַי, ai vv. 7.12 e 14. La semplice ricorrenza del verbo וָאֹמַר ai vv. 6. 11 e 13, invece, anticipa le parole del profeta.

Queste ricorrenze con la loro collocazione quasi “geometrica” indicano una ben precisa sequenza: parola di Dio → risposta di Geremia → ripresa conclusiva di YHWH. Il nesso è anche sottolineato dal parallelismo fra il v. 6 e il v. 7, dove YHWH riprende le parole dell’obiezione di Geremia alla chiamata, ribaltandole:

A וָאֹמַר B כִּי־נַעַר C אָנֹכִי
A’ אַל־תֹּאמַר B’ נַעַר C’ אָנֹכִי

L’ultima parola, dunque, è del Signore che supera la titubanza di Geremia ad accettare la missione.

---

38 Cf. J.R. LUNDBOM, *Rhetorical Structures in Jeremiah 1*, in «ZAW» 103 (1991) 193-210.

Il secondo blocco di ripetizioni si trova nei versetti 11.13, all'interno del breve resoconto di due visioni, e si compone di tre elementi.

A. La domanda di Dio a Geremia, formulata in maniera identica nei due casi:

וַיְהִי דְבַר־יְהוָה אֵלַי לֵאמֹר מָה־אַתָּה רֹאֶה

«E fu la parola del Signore a me, in questi termini: "Tu cosa stai vendendo?"».

B. La risposta di Geremia;

C. La conferma divina con l'interpretazione della visione.

Il parallelismo nella struttura di questi due resoconti è impreziosito da alcuni espedienti retorici.

V'è innanzitutto nei vv. 11-12 un chiasmo costruito sulla ripetizione incrociata delle radici ראה e שקד:

מַקֵּל A שֹׁקֵד אֲנִי B רֹאֶה

הֵיטַבְתָּ B' לִרְאוֹת A' כִּי שֹׁקֵד אֲנִי

All'interno di questo chiasmo si rileva un parallelismo nei punti A e A' impostato sulla radice שקד e sul pronome אֲנִי.

L'espediente stilistico mette in evidenza la corrispondenza fra la percezione della realtà da parte di Geremia e il significato che essa assume nella volontà divina.

Anche la seconda delle due visioni, ai vv. 13-14, è strutturata in forma chiastica:

A סִיר נָפוּחַ אֲנִי רֹאֶה וּפָנָיו מִפְּנֵי B צָפוֹנָה

B' מִצָּפוֹן A' תִּפָּתַח הָרָעָה

Qui il nesso è tra צָפוֹן ripetuto due volte e נָפוּחַ e תִּפָּתַח che sono assonanti.

Questi richiami rendono il brano molto centrato sul tema dell'interazione del dono della parola divina, della reazione profetica e del mandato.

Si rilevano, però, la specifica connotazione visionaria dei versetti centrali e il carattere dialogico della sezione precedente e di quella successiva.

La differenziazione andrà spiegata sul piano della forma generale del brano, ma intanto qui metto in evidenza come la triplice ripetizione della formula וַיְהִי דְבַר־יְהוָה אֵלַי לֵאמֹר abbia la funzione di agganciare questi elementi. Per altro verso, l'ultima sezione dialogica non ha un'introduzione propria, per cui essa fluisce direttamente dalla seconda visione senza un netto stacco. In effetti, i commentatori sono divisi sulla reale entità della seconda visione e della terza sezione del racconto. A parer mio vi sono, però, due elementi che permettono di individuare la conclusione della seconda visione al v. 16. Innanzitutto, essa è strutturalmente completa proprio col v. 16. Inoltre, tra il v. 7 e il v. 17 v'è la ripresa chiastica di due elementi portanti del mandato:

v. 7:

אֶשְׁלָחֲךָ תֵּלֵךְ וְאֵת כָּל־אֲשֶׁר .A אֲצַוְּךָ .B תְּדַבֵּר

v. 17:

וְקַמְתָּ .'B וְדִבַּרְתָּ אֲלֵיהֶם אֵת כָּל אֲשֶׁר .'A אֲצַוֶּךָּ

Il rapporto dei due passi è fra il verbo "comandare" e il verbo "parlare", determinante nella definizione della missione profetica attorno alla corrispondenza-sovrapponibilità fra la volontà divina su Geremia e il suo annunzio e, più radicalmente, fra la parola di YHWH e la parola del suo inviato.

3.2. L'architettura del racconto

Sostanzialmente gli elementi letterari rilevati mettono in evidenza sia l'unità della pericope sia il suo sviluppo interno che può essere individuato nella concatenazione concentrica di tre sezioni:

A. vv. 4-10, parola divina e parola di Geremia

B. vv. 11-16, visioni

A. vv. 17-19 ripresa della parola divina, cui, però, manca il riscontro della risposta di Geremia.

L'indagine sul genere letterario del brano per un verso conferma la struttura evidenziata dai dati linguistici, per un altro la spiega.

Spigolando nei commentari, trovo che Ger 1,4-19 è uno dei testi più dibattuti per la compresenza di due forme letterarie, per sé indipendenti l'uno dall'altra, di vocazione e di visione. Si può parlare di un *mixtum compositum* derivato dall'unione di due diversi generi letterari in un'unica trama[39]. La chiamata profetica può certamente avvenire all'interno di una visione, come nel caso di Is 6 o di Ez 1-3, ma qui l'elemento visionario non è inclusivo, bensì parziale e semmai racchiuso nel racconto della chiamata.

Su questa puntualizzazione, mi metto alla ricerca degli elementi specifici al fine di rilevare il portato teologico della pericope.

---

[39] Non per questo bisogna concludere di essere davanti a testi originariamente indipendenti e ricuciti in una fase finale della composizione, cf. J. BRIEND, *Geremia*, Borla, Roma 1993, 22.

P. Bovati ha ben definito la questione dei racconti di vocazione profetica in ordine al loro significato profondo più che al resoconto di fatti: «Il profeta nelle sue parole rende presente il parlare di Dio. Come questo sia possibile, come un uomo fondi la sua convinzione di essere portavoce del Signore, è abitualmente tradotto in un racconto, detto di "vocazione". [...] In realtà, il mettere in scena un Dio che parla (o "fa vedere" il contenuto rivelato) è un espediente letterario che serve per affermare la dipendenza obbediente dell'umana parola da un soggetto che solo la legittima»[40]. Dunque, nei racconti di vocazione, e in questo con forti accentuazioni, è centrale l'aspetto teologico messo in rilievo nell'esperienza dell'eletto.

Variamente declinata su un contesto celeste o terreno, il genere letterario di "vocazione" si compone di alcuni elementi fissi, che qui si ritrovano quasi interamente:

a. La manifestazione divina al chiamato, che avviene in forma diretta ovvero più frequentemente attraverso un mediatore e che contiene l'esplicitazione del compito dell'eletto;
b. L'ostacolo del chiamato, con cui egli esprime la sua difficoltà ad assecondare la richiesta divina;
c. Il superamento dell'ostacolo in due fasi:
    - la parola di rassicurazione con la sua motivazione;
    - il segno che comprova l'autenticità della chiamata;
d. L'adesione dell'eletto alla mansione[41].

---

[40] P. BOVATI, *«Così parla il Signore». Studi sul profetismo biblico*, EDB, Bologna 2008, 57.

[41] Ovviamente vi sono diverse modalità di sintetizzare gli elementi portanti del genere letterario. Questi punti sono quelli che più mi sembrano convenienti in ordine alla sua definizione. Fischer, ad esempio, riconosce nei vv. 4-10 quello che definisce lo "schema del formulario di vocazione", costituito a parer suo da quattro elementi: incarico,

L'applicazione del modello nella composizione della pericope è particolarmente evidente, tuttavia questa linearità lascia emergere anche le peculiarità su cui s'innesta il suo messaggio specifico.

Sul primo punto si rileva il fatto che la manifestazione divina è espressa in termini intimi e semplici, indicati solo dall'accadere della parola di YHWH. Non vi sono apparizioni angeliche né tanto meno divine e, a rigor di termini, neppure è definito il modo in cui avviene la rivelazione della parola del Signore a Geremia.

L'ostacolo è espresso in ordine alla giovane età dell'eletto che lo mette nell'impossibilità di poter proferire autorevolmente la parola affidatagli e relativamente al suo superamento, pur nella presenza dei due elementi stereotipati che lo caratterizzano, si rilevano altre due peculiarità.

La classica parola di rassicurazione, אַל־תִּירָא: «Non temere», è seguita da una motivazione che si riferisce immediatamente agli oppositori del profeta da cui YHWH promette di difenderlo. Per sé questo dato è inserito *ex abrupto* nel discorso, posto che la titubanza di Geremia era espressamente riferita solo alla sua giovane età.

Inoltre, il segno del superamento dell'ostacolo non è esterno, né ha una natura prodigiosa, come ad esempio nel caso dell'annunzio a Maria nell'evangelo lucano, ma si riferisce direttamente al corpo di Geremia: Dio gli tocca la bocca per consegnargli le sue parole.

V'è, inoltre, la ripresa dell'incarico in relazione al contrasto con gli oppositori del profeta nell'ultima parte del brano, una sorta di "deuterosi", per

---

obiezione, garanzia, segno, cf. G. FISCHER, *Il libro di Geremia*, Città Nuova, Roma 1995, 30.

dirla alla maniera di P. Beauchamp[42], che implica la riproposizione in crescendo di questo elemento. La ripetizione insiste sull'equipaggiamento dell'eletto per la missione, accentuando la problematicità della mansione profetica ed evolvendosi nel tema della promessa di salvezza per Geremia. In definitiva, dunque, anche su questo punto il *focus* del racconto è teologico.

In tutto questo, però, manca l'esplicitazione dell'adesione dell'eletto alla mansione. Tale assenza pone problemi circa la chiusura del racconto in base a criteri interni, per cui essa si rileva unicamente dal fatto che in Ger 2,1 l'espressione וַיְהִ֥י דְבַר־יְהוָ֖ה אֵלַ֥י לֵאמֹֽר introduce la prima sequenza di oracoli. Se ne deduce indirettamente l'assunzione del ministero profetico da parte di Geremia, ma l'assenza dell'adesione alla chiamata è comunque in sé un fatto sconcertante, che pone una questione di fondo sulle premesse all'esercizio della missione: in che termini Geremia vi ha aderito?

Se ne avrà riscontro solo in Ger 15,16 ma ormai nel fuoco della contestazione profetica a Dio[43].

Le due visioni, strettamente agganciate alle altre sezioni, si pongono a completamento della parola, in termini di reciprocità, per cui esse per un verso spiegano quanto Dio dice a Geremia riguardo al suo mandato e per un altro abbisognano esse stesse di un intervento ermeneutico.

La posizione centrale delle due visioni rispetto al racconto della vocazione è criterio di autenticazione della chiamata e della missione del profeta, marcando la veridicità del rapporto fra Dio e il suo chiamato ed evidenziando

---

[42] Cf. P. BEAUCHAMP, *L'uno e l'altro Testamento*, Paideia, Brescia 1985, 172-187.

[43] Secondo Ger 15,16 suggerisce che gli elementi che testimoniavano l'intima identificazione fra Geremia e il messaggio che deve annunziare sia andata perduta, cf. F.B. HUEY, *Jeremiah, Lamentations*, Broadman Press, Nashille 1993, 162.

la capacità di Geremia di recepire e comprendere la parola divina. A suo modo è questo il primo equipaggiamento del profeta per il mandato, di natura propriamente personale e in nessun modo dipendente da elementi esterni.

La particolare forma letteraria mista giocata sull'alternanza vocazione-visioni, insiste, dunque, sulla relazione profonda fra Dio e Geremia. Il racconto di fatto è costituito da un'unica scena che, priva di indicazioni che consentano di collocarla in un preciso contesto spazio-temporale, fluisce verso l'inizio della concreta attuazione del ministero profetico di Geremia.

Non ci sono testimoni della rivelazione di Dio a Geremia, se non lo stesso profeta che sin dalla prima pagina del libro, dunque, ci mette a parte delle sue confidenze, narrandoci il suo iniziale incontro con YHWH e il modo in cui per la prima volta ha ascoltato la sua parola.

3.3. Un commento

Brano fra i più noti dell'AT, Ger 1,4-19 è anche fra i più commentati dai biblisti di ieri e di oggi. Non ho pretese di aggiungere nulla a quanto già detto, ma solo di partire da dove tutto per Geremia ha inizio, per rintracciare le eminenze teologiche del testo, certamente consapevole dei rischi della sfida. Dunque, l'approccio è quello di una lettura trasversale che possa condurci sul filo tematico individuato. Si tratterà solo di un commento fra tanti altri...

3.3.1. *Creazione e chiamata*

a. Le prime parole

Il racconto prende avvio da una formula stereotipata di rivelazione “personalizzata”, quel וַיְהִי דְבַר־יְהוָה אֵלַי לֵאמֹר di cui ho già evidenziato la rilevanza nella struttura della pericope[44].

La ripresento nella sua nuda resa letterale: «La parola del Signore FU a me, dicendo...», anziché proporre una traduzione adattata alle esigenze della lingua italiana, in modo tale che se ne evinca la rilevanza sul grande tema dell’accadere della parola divina nella vita di Geremia.

Anche in Ez 1,3 la formula è inserita in un racconto di vocazione e all’inizio di un libro profetico: הָיָה דְבַר־יְהוָה אֶל־יְחֶזְקֵאל בֶּן־בּוּזִי; «Fu la parola del Signore a Ezechiele, figlio di Buzi», ma il confronto non fa che esaltare la peculiarità della declinazione geremiana, centrata sulla narrazione in prima persona. In tal modo la particella אֵלַי, sostituisce quella descrittiva in terza persona, mettendo sin dall’inizio il racconto all’interno di un’atmosfera intima.

---

[44] Così, ad esempio, in rapporto ad Abramo, in Gen 15,1: הָיָה דְבַר־יְהוָה אֶל־אַבְרָם: «Fu la parola del Signore ad Abramo»;
per Samuele, in 1 Re 6,11: וַיְהִי דְּבַר־יְהוָה אֶל־שְׁלֹמֹה לֵאמֹר: «Fu la parola del Signore a Samuele, dicendo...»;
per Ieu, in 1 Re 16,1: וַיְהִי דְבַר־יְהוָה אֶל־יֵהוּא בֶן־חֲנָנִי: «Fu la parola del Signore a Ieu, figlio di Anania»;
per Elia: וַיְהִי דְּבַר־יְהוָה אֶל־אֵלִיָּהוּ הַתִּשְׁבִּי לֵאמֹר: «Fu la parola del Signore a Elia il Tisbita, dicendo...».

L'accadimento della parola divina pone la premessa per la dichiarazione del versetto successivo, centrata sull'antecedenza della volontà di YHWH nella vita del profeta.

Il passo ha un ritmo peculiare, basato in primo luogo sulla duplice ricorrenza del sintagma בְּטֶרֶם che lo struttura in un parallelismo in tre membri e isola il terzo segmento conclusivo:

A. בְּטֶרֶם B. (אֱצוֹרְךָ)[45] [אֶצָּרְךָ] C. בַבֶּטֶן יְדַעְתִּיךָ
A'. וּבְטֶרֶם B'. תֵּצֵא C'. מֵרֶחֶם הִקְדַּשְׁתִּיךָ
נָבִיא לַגּוֹיִם נְתַתִּיךָ

«Prima di formarti nell'utero ti ho conosciuto
e prima che uscissi dal grembo ti ho consacrato,
profeta per le nazioni ti ho costituito».

Innanzitutto vi è assonanza fra בְּטֶרֶם e il terzo elemento C. בַבֶּטֶן e C'. מֵרֶחֶם, essendo questi tre lemmi basati su sostantivi segolati con radici coincidenti. Analogo fenomeno v'è fra gli elementi mediani, posto che i due verbi che vi sono presenti hanno pure in comune alcune consonati (*aleph* e *sadé*). Gli elementi C. e C'. sono costruiti alla stessa maniera: preposizione + sostantivo segolato + verbo alla prima persona singolare (soggetto è YHWH) con suffisso di seconda persona singolare maschile (riferito a Geremia).

Il terzo segmento del versetto mette in evidenza la finalità di quanto affermato nei primi due e si aggancia a quanto detto prima, grazie all'utilizzo

---

[45] Vi è una doppia possibilità del TM: il *ketib*, אצורך, dalla radice צור, "plasmare", "sagomare", "modellare", e il *qere*, אֶצָּרְךָ, dalla radice יצר, che può avere anche analogo significato. Il *qere* è la lezione a mio avviso più probabile a motivo dei riferimenti strategici ad altri passi biblici di cui si dirà.

di un verbo in prima persona con soggetto divino e il suffisso di seconda persona singolare maschile, riferito a Geremia.

Fondamentalmente qui si mette in evidenza l'azione di Dio sul suo eletto, nei termini di anteriorità rispetto alla sua esistenza. Nello specifico, infatti, il primo בְּטֶרֶם è in relazione al concepimento, riferendosi alla formazione del corpo del profeta nell'utero materno, mentre il secondo è legato alla nascita.

L'attestazione divina pone Geremia davanti al dato primo e assoluto della sua esistenza, una sorta di pre-generazione che relativizza il ruolo materno a quello di YHWH. È fatto che neppure si può astrarre nell'ambito della mera volontà. Dio stesso, infatti, ha formato Geremia nell'utero. In tal senso si veda soprattutto l'utilizzo del verbo יצר che rende l'idea di un'azione divina di "costruzione" del corpo del profeta. A ragione, pertanto, M. Cucca afferma: «la dimensione "carnale"/"corporea" viene ad assumere un ruolo di primo piano»[46]. L'analogia col racconto della creazione si impone per l'utilizzo dello stesso verbo in Gen 2,7 per descrivere l'azione di Dio mentre plasma l'uomo dalla terra e, pertanto, riconduce il contenuto primo della rivelazione a Geremia al fatto creativo[47]. L'immagine all'interno del libro ritornerà nella metafora del vasaio applicata all'agire divino nei confronti d'Israele in Ger 18,6[48].

Se i sostantivi בַבֶּטֶן e מֵרֶחֶם indicano propriamente l'utero e il grembo/le viscere della madre, riferendosi alla generazione fisica, i verbi יְדַעְתִּיךָ e

[46] M. CUCCA, *Il corpo e la città*, 74.
[47] Cf. G. BENZI, *La vocazione di Geremia (Ger 1,4-19): «Non dire sono giovane»*, in «PdV» 58/1 (2013) 18-23.21.
[48] Cf. *ib.* 21.

הִקְדַּשְׁתִּיךָ, lett.: «ti ho separato» nel contesto indicano un'ulteriore prerogativa divina, quella di conoscere qualcuno e consacrarlo/separarlo prima della sua venuta all'esistenza.

In tutto ciò, non vi è una svalutazione della generazione materna ma un'esaltazione di quella divina: se Dio agisce ancor prima della madre, allora Egli è la ragion d'essere dell'esistenza di Geremia.

L'anteriorità, dunque, non è un dato quantitativo, cioè cronologico, ma qualitativo e indica il rapporto vitale del profeta con il suo Dio. Per Geremia, dunque, il ministero esprimerà il senso profondo della sua esistenza, la cui conoscenza è la prima ricaduta dell'assunto teologico "personalizzato" della creazione.

È la prima "conquista" sul piano teologico all'interno del brano e dell'intero libro.

b. L'uomo davanti a Dio: ostacolo e superamento

Al livello personale e intimo dell'introduzione del racconto e delle prime parole divine, dal v. 6 si sovrappongono elementi tipologici che indicano in Geremia la convergenza di richiami a Mosè e del modello del vero profeta rappresentato in Dt 18,9-22[49].

L'ostacolo contrapposto da Geremia alla chiamata, infatti, è espresso in termini molto prossimi a quelli della vocazione di Mosè in Es 6,12:

וַיְדַבֵּר מֹשֶׁה לִפְנֵי יְהוָה לֵאמֹר הֵן בְּנֵי־יִשְׂרָאֵל לֹא־שָׁמְעוּ
אֵלַי וְאֵיךְ יִשְׁמָעֵנִי פַרְעֹה וַאֲנִי עֲרַל שְׂפָתָיִם

---

[49] Cf. J.R. LUNDBOM, *Jeremiah: Prophet like Moses*, Cascade Books, Eugene 2015, 1-5.

«Ma Mosè parlò davanti al Signore, dicendo: "Ecco i figli d'Israele non mi hanno dato ascolto e come potrà darmi ascolto il Faraone se io (sono) incirconciso di labbra/un profano nel parlare"».

Il nesso fra Geremia e Mosè su questo punto è fondamentale per comprendere come, in realtà, entrambe le figure si muovano su elementi paradigmatici, posto che non essere in grado di parlare inficia alla radice l'esercizio del ministero. Il modulo si ripete anche per la chiamata di Isaia, ove è legato all'impurità delle sue labbra (cf. Is 6,5).

Per altro verso, dato che l'opposizione di Geremia alla vocazione è in relazione alla sua giovane età, il testo appare imparentato con la chiamata di Samuele. La compresenza in Ger 1,6 e in 1 Sam 2,18 del termine *na'ar* ne è un indicatore chiaro. Non è escluso che esso sia una particolare declinazione deuteronomistica dell'ostacolo all'incarico profetico. Nel caso di Geremia, però, la caratterizzazione come "ragazzino", "giovane", ha connotazione ben più complessa che in quello del suo antecedente, ponendosi non solo in riferimento alla mancanza dell'autorevolezza necessaria a prender parola in pubblico che è legata all'età[50], ma propriamente all'inadeguatezza ad affrontare la difficoltà del ministero così come nel proseguo del brano è presentato. In definitiva, però, anche questa particolare accentuazione dell'ostacolo ha una focalizzazione teologica, in quanto mette in risalto

[50] Cf. T.M. WILLIS, *Jeremiah and Lamentations*, College Press Publishing Company, Joplin 2002, 35. Per altro verso la datazione della chiamata di Geremia al tredicesimo anno di reggenza di Giosia, cioé al 627 a.C., che è stata presa come indicazione anagrafica è stata ed è un'altra questione molto dibattuta fra i commentatori. Le principali linee interpretative sono ben presentate da Lopasso, che in conclusione si pronuncia a favore della linea tradizionale, cf. V. LOPASSO, *La data della vocazione di Geremia*, in V. LOPASSO - S. PARISI (edd.), Liber Scripturae. *Miscellanea in onore del Prof. P. Francesco Tudda ofm*, Rubettino, Catanzaro 2002, 37-50.50.

l'azione di Dio nei confronti dell'eletto, per se stesso totalmente inadatto e impreparato all'esercizio del ministero.

La reazione divina alla presentazione dell'ostacolo da parte di Geremia, centra l'attenzione del lettore sulla capacità di YHWH di dare una svolta positiva alla vicenda.

Innanzitutto, Dio riprende in contraddittorio le parole di Geremia: «Non dire sono giovane», e fornisce all'eletto una prima esplicitazione del suo mandato, strutturata in due segmenti paralleli[51]:

A. עַל־כָּל־אֲשֶׁר B. אֶשְׁלָחֲךָ C. תֵּלֵךְ

A'. וְאֵת כָּל־אֲשֶׁר B'. אֲצַוְּךָ C'. תְּדַבֵּר

«Ovunque ti manderò andrai,
tutto ciò che ti ordinerò dirai».

Negli elementi A. e A'. è espressa in formulazione quasi identica l'idea di totalità che però si definisce prima in rapporto ai destinatari e dopo in relazione al contenuto della missione.

Negli elementi mediani è ripresa la sequenza di verbi in prima persona con soggetto divino uniti al suffisso di seconda persona singolare maschile, riferito a Geremia. YHWH, dunque, continua a esprimere la sua autorevole azione sul profeta sia nell'uso del verbo tecnico dell'invio, שׁלח, sia in rapporto al verbo צוה "ordinare", "comandare".

Infine, negli elementi conclusivi è espresso all'*yiqtol*, con valenza futura, l'agire consequenziale di Geremia: egli andrà dai destinatari cui è inviato e dirà loro il messaggio che YHWH gli comanda.

---

[51] Introdotta dalla particella *ki* dal valore avversativo/rafforzativo: "ma", "piuttosto".

Lo schema classico dei racconti di vocazione su questo punto appare invertito, in quanto Geremia presenta l'ostacolo prima ancora che siano espliciti i termini della missione. D'altra parte essa ha il suo vero impulso nel mandato divino, che l'autentica a prescindere da qualsiasi elemento esterno.

Segue la parola d'incoraggiamento stereotipata: אַל־תִּירָא: «Non temere»[52], seguita dalla motivazione, anch'essa articolata sul piano teologico, cioè sulla presenza salvifica del Signore: כִּי־אִתְּךָ אֲנִי לְהַצִּלֶךָ: «perché sarò con te, per salvarti». In tutto ciò che riguarda l'esistenza e la missione di Geremia, dunque, è prospettata una reale ostilità contro Geremia che, però, sarà superata dall'azione salvifica di YHWH.

Al v. 8 la formula stereotipata נְאֻם־יְהוָה: «Oracolo del Signore» è sigillo alla promessa divina ma, a differenza di quanto avviene nella maggior parte dei casi all'interno della letteratura profetica, non sottolinea un messaggio dato dal profeta a un destinatario terzo, ma allo stesso Geremia. Dunque, il testo continua a muoversi sull'impatto della parola di YHWH nella vita del profeta.

Il lemma precede anche il gesto divino, a sua volta strettamente legato all'ostacolo. Infatti, Dio tocca la bocca di Geremia e vi pone la sua parola. In Isaia era un angelo che purificava le labbra del profeta con un carbone ardente, mentre qui nessun mediatore intesse la relazione fra Dio e il suo eletto.

---

[52] Essa si trova numerosissime volte nell'AT e nel NT, cf. Gen 15,1 per Abramo; Gs 1,9 per Giosuè; 2 Re 1,15 per Elia; Dn 10,12.19 per Daniele; Mt 1,20 per Giuseppe di Nazaret; Lc 1,13 per Zaccaria; Lc 1,30 per Maria.

Il gesto è chiaramente un richiamo al criterio di autenticazione del profeta enunciato in Dt 18,18:

נָבִיא אָקִים לָהֶם מִקֶּרֶב אֲחֵיהֶם כָּמוֹךָ וְנָתַתִּי דְבָרַי בְּפִיו

וְדִבֶּר אֲלֵיהֶם אֵת כָּל־אֲשֶׁר אֲצַוֶּנּוּ

«Susciterò per loro, in mezzo ai loro fratelli, un profeta come te, porrò le mie parole sulla sua bocca, ed egli dirà loro tutto ciò che gli ordinerò»[53].

Il paradigma trova in Geremia una concreta attuazione, al punto che pare essere esattamente lui il *nabî'* "come Mosè" paventato nello stesso testo. Eppure nessuno come lui fra i profeti proverà a ribellarsi violentemente al compito ricevuto.

c. Missione

Dopo il superamento dell'ostacolo, al v. 10 il mandato riceve ulteriore e definitiva espressione riguardo al suo contenuto. Il passo è una sorta di programma narrativo della vicenda profetica di Geremia, per la sua funzione prolettica e le numerose risonanze all'interno del libro. Ne evidenzio tre punti:

רְאֵה הִפְקַדְתִּיךָ הַיּוֹם הַזֶּה: «Ecco, ti ho stabilito oggi...».

---

[53] La questione della dipendenza dei due testi è dibattuta. Il tentativo di risolverla sul piano della revisione di un originario racconto della vocazione di Geremia con l'aggiunta del riferimento a Dt 18,18 mi pare non trovare riscontro in segnali letterari che possano argomentarlo, cf. L.C. ALLEN, *Jeremiah*, 27 n. 10. Preferisco limitarmi a dire che la narrazione dell'elezione di Geremia è stata concepita nell'ambito teologico deuteronomista e che la comunanza di idee e di linguaggio fra i testi che si riconducono allo stesso contesto ora ci impedisce di definire la direzione di eventuali contatti fra testi. Per una discussione attenta su questo punto, cf. N. MASTNJAK, *Deuteronomy and the Emergence of Textual Authority in Jeremiah*, J.C.B. Mohr (P. Siebeck), Tübingen 2016, 51-59.

L’imperativo רְאֵה ha valenza epidittica e corrisponde al greco ἰδού e al nostro “ecco”. Rispetto ai precedenti riferimenti alla chiamata, centrati sulla generazione del profeta, v’è un progresso indicato dall’attualità temporale.

Il verbo פקד alla prima persona singolare *qatal hiphil*: “stabilire”, “designare”, “affidare un compito”[54] sottolinea ulteriormente l’iniziativa divina. L’oggi di Geremia è il punto prospettico da cui egli deve guardare alla missione ricevuta.

Il secondo punto che rilevo è il respiro universalistico della missione profetica:

עַל־הַגּוֹיִם וְעַל־הַמַּמְלָכוֹת

«Sopra tutti i popoli e sopra tutti i regni».

La ripetizione della particella עַל può far riferimento all’autorevolezza che Geremia acquisisce grazie all’intervento divino, per cui essa andrebbe tradotta semplicemente con “sopra”, ovvero “contro”, se le si da valenza di contrasto all’ostracismo dei destinatari che caratterizzerà la missione del profeta[55].

Infine, il versetto mette in rilievo il contenuto della missione stessa, espresso dalla sequenza di sei infiniti preceduti dalla particella לְ:

לִנְתוֹשׁ וְלִנְתוֹץ וּלְהַאֲבִיד וְלַהֲרוֹס לִבְנוֹת וְלִנְטוֹעַ

«per sradicare e per demolire, per abbattere e per distruggere, per costruire e per piantare».

Sul profilo eminentemente letterario il passo è molto ricercato. I sei verbi sono distribuiti in tre coppie, sradicare-demolire; abbattere-distruggere; edificare-piantare, e sono selezionati in base ad allitterazioni. Nei primi due

---

[54] Cf. 2 Re 25,23; Gen 39,4; 1 Re 11,28; 14,27.

[55] A rigor di termini, però, gli ostacoli all’esercizio del ministero verranno a Geremia dai suoi connazionali.

ricorrono le consonanti נ e ת e v'è somiglianza di suono fra e radici finali שׁ e ץ. Il primo e il sesto verbo hanno come prima radice נ e v'è affinità delle seconde ת e ט. Infine, anche gli infiniti הַאֲבִיד e בְּנוֹת si somigliano, per la comune consonante ב e per l'affinità fra ד e ת che sono entrambe consonanti dentali.

Sul piano contenutistico si intrecciano l'immaginario agreste presente nel primo e nel sesto infinito e quello urbano espresso nei quattro verbi mediani. L'inclusione è evidenziata dall'allitterazione rilevata fra la prima e l'ultima radice. Quella dei primi due verbi ne mette ulteriormente in rilievo il legame.

Per altro verso, le prime due coppie di infiniti hanno valenza negativa, mentre l'ultima positiva. In questa contrapposizione anche i singoli verbi sono perfettamente speculari: a sradicare corrisponde piantare; a demolire, abbattere, a distruggere, edificare.

Probabilmente l'elemento quantitativo ha la sua pregnanza, potendo indicare che la missione di Geremia sarà maggiormente connotata da un'azione di critica e denuncia, rispetto all'annuncio della restaurazione. Tuttavia la posizione conclusiva degli infiniti positivi implica l'orientamento alla salvezza di tutta la missione del profeta. Correttamente, a mio avviso, W. Bruggemann attira l'attenzione sull'aspetto teologico della sequenza, affermando che nei primi quattro verbi è indicato il giudizio divino sulla comunità, mentre negli ultimi due si attesta la capacità di YHWH di realizzare *ex nihilo* nuove possibilità di vita per il suo popolo[56].

Come programma narrativo della mansione profetica, a livello sincronico questi sei verbi stabiliscono una rete linguistica all'interno del libro, posto che

---

[56] Cf. W. BRUGGEMANN, *Commentary on Jeremiah*, 25.

diversi passi presentano in parte o nella totalità questi infiniti, riferendoli sempre all'azione di Dio[57]. Fra di essi quello che maggiormente risalta è Ger 31,28, in cui l'annunzio della promessa divina indica il capovolgimento della situazione negativa precedente. Dunque, l'azione di Dio che deve rendersi presente e manifestarsi in Geremia è correttiva e trasformante. Solo YHWH può fare questo, solo lui può mettere in atto una sorta di nuova creazione, passando dall'annientamento alla rinascita.

La missione di Geremia, di fatto, deve contenere quest'azione trasformante di Dio e in termini ancora più radicali la stessa vicenda biografica del profeta, a più riprese legata al capovolgimento di situazioni di persecuzione e di prossimità alla morte, ne sarà espressione. La promessa di salvezza ripetutamente troverà concretizzazione nelle pieghe dell'esistenza di Geremia.

3.3.2. *Le visioni: la capacità di Geremia di "vedere bene"*

Ancora una dimensione intima e familiare caratterizza il racconto nelle due visioni poste al centro del brano. Nulla può essere più lontano dal tono epico delle possenti teofanie alla base del ministero profetico di Isaia e di Ezechiele.

---

[57] Ger 12,17: «"Tuttavia, se non danno ascolto io sradicherò quella nazione; sradicare e abbattere (נָתוֹשׁ וְאַבֵּד)", dice il Signore»; Ger 18,7-9: «A un dato momento io parlo riguardo a una nazione, riguardo a un regno, di sradicare, di demolire, di abbattere (לִנְתוֹשׁ וְלִנְתוֹץ וּלְהַאֲבִיד) ma, se quella nazione contro la quale ho parlato, si converte dalla sua malvagità, io mi pento del male che avevo pensato di farle. In un altro momento io parlo riguardo a una nazione, a un regno, di costruire e di piantare (לִבְנֹת וְלִנְטֹעַ)»; Ger 31,28: «E avverrà che come ho vegliato su di loro per sradicare e per demolire (לִנְתוֹשׁ וְלִנְתוֹץ), per distruggere e per abbattere (וְלַהֲרֹס וּלְהַאֲבִיד) e danneggiare, così veglierò su di loro per edificare e per piantare (לִבְנוֹת וְלִנְטוֹעַ). Oracolo del Signore». In vario modo composti i verbi ricorrono anche alla forma finita, cf. Ger 24,6; Ger 42,10; Ger 45,4. Si tratta chiaramente di interventi riferiti a uno strato di composizione tardivo, con lo scopo di unificare il messaggio di Geremia.

Non è nel tempio riempito di fumo né sul grande carro trionfale che YHWH si manifesta a Geremia e gli assegna la mansione di predicare al suo popolo. Dio non ha bisogno di prodigi per manifestare il senso della sua parola, né nell'indole di Geremia pare esserci spazio per la grandiosità di miracoli o di visioni dal sapore apocalittico.

Così queste "visioni" in realtà corrispondono a ciò che chiunque può vedere in un campo a fine inverno piuttosto che nella cucina di una qualsiasi casa: un ramo di mandorlo fiorito, una pentola bollente sul fuoco. Non è fatto nuovo alla tradizione profetica. Il libro di Amos contiene alcuni brevi racconti di visione della stessa tipologia (cf. Am 7,1-3.4-6.7-9; 8,1-3).

In Ger 1,11-16 le due brevi visioni sono appaiate e perfettamente parallele, ma con accentuazioni tematiche ben precise nella seconda rispetto alla prima. In entrambi i casi è Dio che attiva il processo percettivo chiedendo a Geremia di riferirgli cosa stia vedendo. Il "veggente", dunque, non ha un ruolo meramente passivo, proprio perché deve osservare e mettere in atto una dinamica di comprensione dei "segni" che YHWH gli mette innanzi.

La struttura tripartita dei due resoconti è particolarmente eloquente a riguardo. Alla domanda di YHWH: מָה־אַתָּה רֹאֶה (יִרְמְיָהוּ): «cosa vedi (Geremia)?» (vv. 11.13), corrisponde la descrizione della visione da parte del profeta e a seguire la spiegazione divina, che al v. 12 è introdotta dall'espressione di approvazione: הֵיטַבְתָּ לִרְאוֹת: «Hai visto bene».

Nella pedissequa ripresa del secondo elemento nel terzo, si coglie il rapporto fra la descrizione della visione vera e propria e la spiegazione fornita da YHWH che indica la "capacità" profetica di Geremia. Il fatto che in entrambi i casi si tratti di visioni ordinarie si legge come attinenza dell'incarico divino al mondo reale nella sua concretezza. Il profeta è colui che legge la storia come "visione" divina e attraverso la parola di YHWH. Il dato è paradigmatico e insieme personalizzato su Geremia, come esplicita la ricorrenza del nome personale al v. 11.

La prima visione presenta un gioco di parole fra due termini: שָׁקֵד e שֹׁקֵד, "mandorlo" e "vigilante io sono". Questo richiamo indica innanzitutto un fatto paradigmatico, applicabile a infinite situazioni. C'è un mandorlo che Geremia vede, una visione del mondo, cose che accadono sotto gli occhi di tutti e c'è la parola di Dio che ne svela il significato profondo. Pertanto, v'è somiglianza tra ciò che si percepisce e il senso delle cose che può essere svelato solo dalla parola divina. Nello specifico del libro questo elemento paradigmatico si legge nel fatto che attraverso il ministero di Geremia, YHWH intende manifestare la sua presenza vigile nella storia del suo popolo, in quel particolare contesto storico-sociale in cui risuona la voce del profeta.

La seconda visione è più specifica: una pentola è inclinata a settentrione o meglio da settentrione[58]. In sostanza l'immagine indica il fuoco acceso sotto di essa, il cui contenuto rovente sta per traboccare. Il riferimento geografico è spiegato dalla parola divina: l'immagine è quella di una sventura proveniente

[58] È nota la difficoltà testuale del v. 13. In particolare "la sua faccia" può indicare sia la parte anteriore della pentola rivolta verso chi guarda (cioè lo stesso Geremia), sia la sua bocca, cioè il lato superiore della pentola. Il termine è ripetuto immediatamente dopo nel lemma מִפְּנֵי צָפוֹנָה, lett.: «dalla faccia verso nord». Le due parti dell'espressione sembrano riferire due posizioni opposte. La prima costruzione per se stessa indicherebbe la provenienza da..., quindi indicherebbe che la pentola è rivolta da nord verso sud, ma la seconda sembrerebbe suggerire piuttosto una direzione e pertanto farebbe riferimento alla posizione della pentola inclinata verso nord. Nonostante la problematicità dell'ebraico, nei manoscritti antichi non si segnalano varianti. La LXX appiana la difficoltà considerando il primo aspetto della provenienza e non della direzione: τὸ πρόσωπον αὐτοῦ ἀπὸ προσώπου βορρᾶ. In effetti è in questa linea che va la successiva spiegazione della visione. Il testo va mantenuto perché è *lectio difficilior* accettata unanimemente dai manoscritti ebraici, per cui comunque il significato sarebbe ugualmente "da" nord e non "verso" nord.

da nord che sta per abbattersi su Gerusalemme. Si potrebbe pensare all'imminente assedio dei Babilonesi, però, l'immagine al v. 15 non è quella della guerra ma del giudizio. La sventura più che una sconfitta militare è una sentenza di Dio in un processo. Si passa subito, dunque, dall'immagine al suo significato, senza la descrizione di qualche evento catastrofico in sé. Il testo, infatti, si riferisce chiaramente all'assemblea giudicante, costituita da tutti i popoli del nord, contro Gerusalemme. Si menzionano i "regni" perché sono i re ad essere i giudici supremi. D'altra parte la preparazione dei troni indica l'atto iniziale del processo. Il luogo in cui essi vengono eretti, davanti alle porte della città, indica il posto ordinario del giudizio.

In tutto ciò si palesa il fatto che è Dio a compiere il giudizio attraverso questi agenti, manifestando il suo potere regale universale.

Nello specifico la causa è trattata in riferimento a pratiche idolatriche, ma all'interno di un orizzonte onnicomprensivo del peccato: עַ֖ל כָּל־רָעָתָ֑ם: «a causa di tutta la loro malvagità». L'idea di totalità contiene quella di radicalità: Israele ha peccato in ogni senso e in ogni dimensione del proprio vissuto, per cui ormai non v'è più nulla da recuperare.

3.3.3. *Di nuovo sul tema della missione*

La terza parte del brano articola due registri simbolici: quello bellico e quello urbano, che convergono nell'immagine di un assedio e nell'applicazione della metafora allo stesso Geremia.

Il registro bellico è tutto nella descrizione della disposizione di Geremia al combattimento. Gli elementi sono intercalati a ritmo sostenuto e compongono un quadro generale in cui il profeta è come chiamato a farsi avanti per la guerra contro i suoi nemici prima ancora che questi possano sferrare il loro attacco.

Il primo comando divino al profeta, infatti, indica una duplice azione di prontezza: תֶּאְזֹר מָתְנֶיךָ וְקַמְתָּ: «Cingiti i fianchi e alzati»[59].

Il binomio è subito riportato all'interno della missione profetica dal terzo ordine: וְדִבַּרְתָּ אֲלֵיהֶם: «e parla loro». Cogliendo a pieno la potenzialità espressiva del testo si può dire che la "guerra" di Geremia è un combattimento fatto di parole, delle sue che in realtà sono quelle che Dio gli mette sulla bocca, e dei destinatari del suo annunzio che in effetti muoveranno contro di lui accuse e invettive.

Se i primi due imperativi riconducibili all'ambito semantico della guerra sono formulati in positivo e si riferiscono alla sfera fisica, il secondo stico del v. 17 si riferisce alla sfera psicologica: אַל־תֵּחַת מִפְּנֵיהֶם פֶּן־אֲחִתְּךָ לִפְנֵיהֶם: «Non avere paura davanti a loro, altrimenti ti renderò motivo di paura per loro». Il verbo חתת che ricorre due volte significa propriamente "avere terrore", "provare paura". A suo modo la formulazione richiama l'espressione tipica prima utilizzata in rapporto alla ripresa convenzionale del racconto di vocazione, declinandola in questo specifico ambito simbolico e soprattutto alla particolare attenzione all'interiorità e alla psicologia di Geremia.

L'esperienza del combattimento chiaramente ha forti ripercussioni sulla sfera dei sentimenti. La paura è reazione naturale davanti alla prospettiva di un confronto serrato e impari come quello che si profila per il profeta davanti

---

[59] M. Cucca nota analogie fra questo passo e Gb 38,3; 40,7, cf. M. CUCCA, *Il corpo e la città*, 82.

ai suoi oppositori. YHWH pare anticipare la possibilità di questa esperienza ribaltandola, come evidenzia la costruzione parallela dello stico:

A. אל B. תֵּחַת C. מִפְּנֵיהֶם

A’. פֶּן B’. אֲחִתְּךָ C’. לִפְנֵיהֶם

Alla particella negativa corrisponde la congiunzione; l’elemento centrale è la medesima radice ma in due differenti forme, al *niphal* nel primo caso a indicare l’elemento di passività nell’esperienza della paura suscitata da una guerra, allo *hiphil* nel secondo per evidenziare l’azione di YHWH nei confronti del profeta: “io ti farò temere”, “ti renderò motivo di terrore”; il terzo elemento presenta il lemma פְּנֵיהֶם riferito agli avversari di Geremia, ma nel primo caso preceduto dalla preposizione מִן che si lega propriamente alla paura che proviene “da” loro, mentre nel secondo vi è la preposizione לְ che indica “per”, “davanti”.

Nel v. 18a entra in gioco il secondo registro simbolico, quello urbano, ma la seconda parte del versetto si evolve tornando all’immaginario bellico. In effetti la concatenazione ha una funzione amplificativa: non solo Geremia deve equipaggiarsi come un soldato per combattere contro i suoi delatori, ma è reso da YHWH addirittura una città fortificata che può resistere alle rappresaglie dei nemici.

L’attacco del versetto וַאֲנִי הִנֵּה נְתַתִּיךָ: «Ma ecco io ti pongo...» è centrato su un’ulteriore azione di Dio riguardo a Geremia. C’è un richiamo con la prima parte del racconto, grazie alla ripresa del verbo *ntn* che inizialmente è direttamente riferito alla missione profetica di Geremia.

L'espressione precede una sequenza di immagini tutte costruite con la particella לְ e M. Cucca nota l'anomalia rispetto all'uso consueto di כְּ che sarebbe più appropriata alla presentazione della metafora. Dunque, Geremia non è semplicemente reso "come" ma direttamente "una città...", potenziando il carattere espressivo dell'immagine[60]. Ad ogni modo l'allusione è a una città invincibile e attrezzata per l'assedio, che sembra evocare lo scenario dei molteplici assedi di Gerusalemme da parte di eserciti nemici.

Infatti, la seconda parte del versetto mette a tema nuovamente l'immaginario bellico e lo definisce, come dicevo, in rapporto a un assedio. Questa città/Geremia è attrezzata per la guerra contro gli abitanti e le istituzioni di Giuda. La sequenza di quattro elementi è preceduta genericamente dal riferimento a "tutto il paese", e si attribuisce emblematicamente a quelle che ne sono le classi dirigenti o comunque rilevanti nella sua vita: i re e i nobili, i sacerdoti, il popolo della terra, cioè i capi di terre. La sequenza specifica definitivamente i destinatari del combattimento di Geremia, evocati dal suffisso di terza persona plurale dei versetti precedenti.

Tutto è giocato su un duplice paradosso, perché per un verso l'evocazione di Gerusalemme assediata per definire la condizione di Geremia, sia sul piano fisico sia su quello psicologico, si sviluppa nell'esplicitazione che è esattamente la città con le sue istituzioni a tentare di inficiare la vita del

---

[60] La metafora urbana è ben definita: città fortificata, mura di bronzo, da cui solo in parte si stacca l'elemento centrale, colonna di ferro, che sembrerebbe un riferimento più dettagliato. La LXX non ha il corrispondente di וּלְעַמּוּד בַּרְזֶל probabilmente perché non si inserisce in maniera del tutto lineare con la sequenza d'immagini che è presentata. Dunque, il TM è una *lectio difficilior* che va mantenuta.

profeta, e per un altro che la capitale in realtà soccomberà davanti al nemico straniero mentre il profeta resisterà agli attacchi dei suoi conterranei.

La metafora bellica si scioglie definitivamente al versetto conclusivo nell'espressione prolettica: וְנִלְחֲמוּ אֵלֶיךָ: «ti muoveranno guerra», ma si stempera nella promessa divina di salvezza che riprende quella del v. 8. Geremia sarà una città invincibile su cui i nemici non potranno prevalere sia perché sarà adeguatamente equipaggiato alla lotta da Dio, sia perché YHWH sarà con lui per salvarlo. La posizione enfaticamente conclusiva del lemma לְהַצִּילֶךָ, infinito costrutto *hiphil* di נצל, dopo la formula oracolare, mette in pieno risalto l'azione salvifica di YHWH[61]. Essa è l'ultima azione divina nei confronti di Geremia, quella definitiva e a suo modo escatologica, cui tutto il resto è orientato.

3.4. Creatore e Salvatore

Geremia si racconta e il suo narrare promana dall'incontro con YHWH. Il principio è propriamente l'accadimento della parola divina in un tempo non definito da coordinate precise ma indicato in un oggi che dice la presenza di Dio nella storia del profeta. La chiamata all'annunzio, dunque, tratteggia il Volto di Dio davanti a Geremia.

Il "profeta ragazzino" non inventa un dio, è YHWH che gli si dà a conoscere senza alcuna proposta teorica ma nel riferimento intimo e profondo alla sua esperienza umana e credente. La stessa chiamata fa del ministero profetico il "luogo teologico" in cui a Geremia si rivelerà progressivamente il

---

[61] Dunque vi è una catena di *hiphil* che definisce l'agire di YHWH nei confronti di Geremia.

Volto e il Nome di Dio. Nel racconto di Ger 1,4-19 ne sono tratteggiate le tre coordinate essenziali per la conoscenza del Signore, all'interno delle quali si snoderà il percorso dell'uomo, del credente, del profeta: il principio protologico, l'escatologia e la storia. Tutto è personalizzato e inserito dentro la relazione che Dio imbastisce con Geremia.

Propriamente il principio si esplicita nella rivelazione di YHWH come creatore. Il legame con il secondo racconto della creazione è del tutto plausibile, pertanto Ger 1,5 si pone come sorta di *midrash* del mito genesiaco sul piano personale e in un contesto traslato di rivelazione dell'azione divina nei confronti del profeta, che precede quella genitoriale. Per Geremia, infatti, YHWH è prima e più della madre.

D'altra parte il verbo "plasmare" è caro a Geremia e ricorre a più riprese nel libro, in particolare nei riferimenti alla bottega del vasaio, בֵּ֥ית הַיּוֹצֵ֖ר, (Ger 18,1.2), che in filigrana costruiscono una rappresentazione di YHWH che a mo' di un artigiano della creta "tenta" di modellare nuovamente il suo popolo nella speranza della sua conversione.

In Ger 51,19 il verbo definisce propriamente l'atto creativo di Dio:

כִּֽי־יוֹצֵ֤ר הַכֹּל֙ ה֔וּא וְשֵׁ֖בֶט נַחֲלָת֑וֹ יְהוָ֥ה צְבָא֖וֹת שְׁמֽוֹ

«Poiché Egli ha plasmato tutte le cose e la tribù della sua eredità (è Israele). Signore degli eserciti è il suo nome»[62].

Ger 1,5 suona come autorevole attestazione di appartenenza del profeta a Dio, portatrice del senso della sua esistenza: la rivelazione di Dio è al tempo stesso rivelazione di Geremia a se stesso. Egli sa che YHWH è il suo creatore e comprende di essere da Lui voluto. Se c'è una qualche tensione fra ciò e il

[62] Anche in Ger 33,2 il participio יוֹצֵר è attribuito a Dio, indicando il suo intervento in risposta alla supplica di Geremia rinchiuso in prigione.

dato di fatto innanzi al quale il profeta è posto in ordine al "contenuto" della sua esistenza, essa si scioglie nell'atto di grazia con cui Dio ad ogni uomo, e ora a Geremia, fa dono dell'esistenza e della rivelazione del suo Volto e del suo Nome.

D'altra parte la duplice promessa della salvezza, avvia un filone tematico che tornerà in Ger 20,12, facendo da architrave all'intero *corpus* della vocazione e delle confessioni. La prospettiva teologica del racconto, dunque, si allarga alla dimensione escatologica, intesa evidentemente non sul piano di un'astratta teodicea ma ancora una volta su quello esistenziale: la vicenda umana e ministeriale di Geremia si risolverà nell'esperienza della salvezza. Quel che qui è promesso, nell'ultima confessione è attestato come dato di fatto, salvo lasciare il posto alla sconcertante esecrazione conclusiva.

Ad ogni modo effettivamente il profeta a più riprese sarà liberato dal pericolo di morte.

Quel che qui maggiormente risalta è che la promessa della salvezza è complementare a quella della presenza di YHWH accanto a Geremia. L'essere "con" si connota, dunque, come situazione salvifica che riporta l'escatologico nell'oggi del profeta. Vi leggo, come suggestione, una sorta di declinazione personale dell'isaiana venuta dell'Immanuel, ma senza alcuna mediazione regale nelle pieghe della storia di Geremia.

Da qui prende avvio un percorso dialogico di "guarigione" del profeta da parte di YHWH che non avviene dall'esterno, attraverso azioni portentose ed evidenti quale per esempio quella che riguarda Isaia al momento della sua chiamata, ma si evolve nell'interiorità di Geremia. Si tratta di una sorta di terapia attuata da YHWH per mettere il profeta nelle condizioni di superare il suo sistema di fragilità davanti alla rivelazione e alla missione che gli viene prospettata.

Geremia è chiamato ad aprirsi progressivamente all'accettazione della chiamata profetica attraverso la parola e il gesto d'incoraggiamento, le due visioni che gli forniscono la dimostrazione della sua "capacità" profetica, e l'equipaggiamento davanti alle ostilità che lo attendono. La presenza accanto Geremia che YHWH promette non è centrata propriamente su azioni esterne, ma si radica nel processo che Egli attiva e segue pedissequamente, perché il *na'ar* assuma la levatura e la robustezza dell'uomo. Evidentemente la maturazione umana contiene quella della percezione credente: l'immagine di Dio per Geremia crescerà con lui!

Pertanto, l'architettura di Ger 1,4-19 si risolve in una prospettiva aperta sull'orizzonte sconfinato del Mistero. Quella di Geremia è a tutti gli effetti una *teologia in fieri*.

4. Il Dio di Geremia nelle prime quattro confessioni

4.1. «Tu sei giusto ma ti farò causa»

La prima e la seconda confessione hanno un andamento dialogico analogo al racconto della vocazione. Dunque, l'elaborazione teologica prende corpo in un contesto relazionale.

Nella prima confessione parlano Geremia e YHWH, alternandosi e stabilendo una sorta di schema parallelo su cui si struttura l'intera pericope: A. Ger 11,18-20, parole del profeta; B. Ger 11,21-23, parole del Signore[63]; A'. Ger 12,1-4, parole del profeta; B'. Ger 12,5-6, parole del Signore.

Nel primo caso il passaggio dalle parole di Geremia a quelle di YHWH è ben evidenziato dalla formula introduttiva: לָכֵן כֹּה־אָמַר יְהוָה: «Perciò così dice il Signore», mentre di seguito non si trova alcun elemento che indichi esplicitamente un cambio di locutore. Il dialogo è comunque fitto. Sullo sfondo si muovono le accuse dei delatori del profeta nei suoi confronti, da cui YHWH intende premunirlo.

Infatti, proprio l'inizio del brano è affidato alla rivelazione da parte di Dio al profeta di insospettabili intrighi a suo riguardo. A tessere le trame del progetto sono gli אַנְשֵׁי עֲנָתוֹת: «uomini di Anatot», di fronte ai quali Geremia è stato come agnello mansueto condotto alla macellazione, indifeso perché

[63] La delimitazione e la struttura della pericope sono discusse fra i commentatori. Holladay, ad esempio, concorda con questa alternanza ma chiude la prima confessione al v. 23, cf. W. HOLLADAY, *Jeremiah*, I, 94. Per questa delimitazione, fra gli altri, si può vedere L. STULMAN, *Jeremiah*, Abigdon Press, Nashville 2011, 124 e, per la presentazione degli elementi di unità, soprattutto K.M. HAYES, *"The Earth Mourns". Prophetic Metaphor and Oral Aesthetic*, Brill, Leiden 2002, 90-92.

inconsapevole. Il tradimento, dunque, si consuma per mano dei compaesani del profeta, che lo hanno sempre conosciuto e in mezzo ai quali egli è cresciuto. Il loro dire nei confronti dell'ignaro Geremia è riportato alla lettera in 11,19b e ha il sapore dell'immaginazione raffinata di chi intesse tranelli con arte:

נַשְׁחִיתָה עֵץ בְּלַחְמוֹ וְנִכְרְתֶנּוּ מֵאֶרֶץ חַיִּים וּשְׁמוֹ לֹא־יִזָּכֵר עוֹד

«Suvvia, distruggiamo l'albero nel suo rigoglio, tagliamolo via dalla terra dei viventi cosicché il suo nome non sia più ricordato».

C'è spazio per la poesia nell'elaborazione del progetto malefico e la metafora vegetale appare efficacissima espressione dell'intento di annientare il nome del profeta. La simbologia della recisione dell'albero, infatti, si scioglie nell'espressione della volontà di eliminare perfino la memoria di chi è stato chiamato a ricordare la parola di YHWH fra il popolo.

Si fa spazio a questo punto la prima preghiera di Geremia al suo Dio, il cui esordio è affidato a un concentrato di asserti teologici che aprono l'invocazione dell'aiuto divino:

וַיהוָה צְבָאוֹת שֹׁפֵט צֶדֶק בֹּחֵן כְּלָיוֹת וָלֵב
אֶרְאֶה נִקְמָתְךָ מֵהֶם כִּי אֵלֶיךָ גִּלִּיתִי אֶת־רִיבִי

«Ma Signore degli eserciti, giudice giusto, che scruti reni e cuore,
possa vedere la tua vendetta su di loro, poiché a te ho presentato la mia causa».

I tre asserti riprendono sinteticamente denominazioni teologiche che nell'AT sono diffusamente presenti in diverse articolazioni: "Signore degli eserciti" rinvia alla radice bellica della fede jahvista e pare essere il titolo più diffuso associato alla *sacra tetractis*[64] analogamente il tema del giudizio è ricorrente anche in *pendant* con la caratterizzazione guerresca dell'immagine divina, frequentemente applicata soprattutto nella letteratura profetica contro le nazioni straniere[65]. Invece la conoscenza di reni e cuore attribuita a YHWH è tema più raro e si ritrova sempre in contesti di preghiera. In convergenza linguistica con i termini qui presenti, essa si ritroverà in Ger 17,10 all'interno di una formula autorivelativa, e nell'ultima confessione come attestazione del profeta. Nel Sal 7,10, insieme al riconoscimento della giustizia divina, v'è quella della conoscenza di cuore e reni:

בֹּחֵן לִבּוֹת וּכְלָיוֹת אֱלֹהִים צַדִּיק

«Conoscitore di cuori e reni, Dio giusto».

Analoga espressione è presente nella preghiera che Davide innalza per la conclusione della raccolta dei beni in vista della costruzione del tempio, riportata in 1 Cr 29,10-19[66].

---

[64] Lo si trova in diversi ambiti letterari dell'AT. Nei libri storici, cf. 1 Sam 1,3.11; 15,2; 17,45; 2 Sam 6,2. Nel Salterio, cf. Sal 24,10; 46,8; 48,9. Nella letteratura profetica, cf. Is 1,9.24. Nel libro di Geremia la denominazione teologica è molto presente. La si trova nella sua formulazione base, cf. Ger 2,19; 6,6.9; 7,3.21; 8,3; 9,6.16; 10,16; 11,17.22, ma anche in diverse articolazioni ampliate che colgo su esemplificazioni: יְהוָה אֱלֹהֵי צְבָאוֹת, cf. Ger 5,14; 38,17; יְהוָה צְבָאוֹת אֱלֹהֵי יִשְׂרָאֵל, cf. Ger 9,15; 27,21; יְהוָה אֱלֹהֵי צְבָאוֹת אֱלֹהֵי יִשְׂרָאֵל, cf. Ger 44,7.

[65] Il titolo teologico אֱלֹהִים שׁוֹפֵט צַדִּיק è presente nel Sal 7,11, שׁוֹפֵט צֶדֶק si trova nel Sal 9,4. Nel NT, 2 Ti 4,8 mostra una chiara risonanza del tema teologico: ὁ κύριος [...] ὁ δίκαιος κριτής: «il Signore [...] il giusto giudice». L'attributo del giudizio a YHWH è comunque cosa ben più ampia di queste scarne ricorrenze della formulazione del titolo nei termini di Ger 11,10, cf. Es 6,6; 33,4; Dt 1,17; Is 33,22; Mi 4,3; Sal 99,4; 143,2. È, inoltre tema basilare nel libro di Geremia, a partire dalla vocazione, in cui, come si è visto nella seconda visione si annunzia il giudizio divino contro Gerusalemme per mano delle nazioni straniere. Il tema, però, è anche declinato all'inverso, cioè in rapporto al giudizio di YHWH contro le nazioni, cf. Ger 25,31; 48,47.

[66] In 1 Cr 29,17 Davide si rivolge a YHWH in questi termini: אַתָּה בֹּחֵן לֵבָב: «Tu che scruti il cuore».

La sua particolare concentrazione nel libro di Geremia e nella confessioni *in specie* ne fa una sorta di *leitmotiv* teologico che declina in termini intimi e profondi la dichiarazione dell'onnipotenza divina. Ger 11,20 appare, così, una sorta di *alpha* e *omega* della teologia ebraica, in cui tra titoli dal tono contrapposto si intesse la supplica del profeta. Egli, in effetti, ha bisogno di appellarsi da un lato alla grandezza e al giudizio di Dio, dall'altra alla sua capacità di penetrare la vita degli uomini.

La rassicurazione divina non si farà attendere e i vv. 21-23 sono dedicati alla promessa dell'esaudimento, unita, però, al divieto d'intercessione per il popolo.

La struttura del brano, ad ogni modo, procede *ex abrupto* con il sorprendente attacco del secondo intervento profetico, in Ger 12,1. Si tratta di un asserto di carattere sapienziale inserito all'interno di una contestazione, circostanziata e motivata:

צַדִּיק אַתָּה יְהוָה כִּי אָרִיב אֵלֶיךָ אַךְ
מִשְׁפָּטִים אֲדַבֵּר אוֹתָךְ מַדּוּעַ דֶּרֶךְ רְשָׁעִים צָלֵחָה שָׁלוּ
כָּל־בֹּגְדֵי בָגֶד

«Tu sei giusto, YHWH, tuttavia[67] ti porrò una questione, parlerò con te riguardo ai giudizi: perché la via degli empi prospera, hanno pace tutti gli operatori d'iniquità?».

Il nesso con la precedente attestazione teologica è sul tema del giudizio divino, ed è marcato dalla ricorrenza in entrambi i contesti delle radici צדק e ריב. L'istanza presentata dal profeta a Dio è un affondo alla sapienza tradizionale: il giusto prospera, il malvagio perisce. Si tratta della domanda

---

[67] Il *Ki* nel contesto ha valenza avversativa.

basilare dell'intero libro di Giobbe, che appartiene a una fase evoluta della riflessione sapienziale ebraica.

L'utilizzo della radice ריב, "fare una contestazione", "muovere causa", concorda immediatamente con il carattere dell'asserto teologico di base, che rimanda anche a un contesto forense, marcato dalla precisazione dell'ambito del questionamento: "i giudizi". Dal contesto si può ricavare il riferimento ad atti giuridici, cioè alle sentenze di fine processo e alla loro attuazione.

Il testo è intriso di ironia, tanto più che nel precedente intervento, Geremia aveva affermato la volontà di rimettere la sua causa a Dio (גִּלִּיתִי אֶת־רִיבִי), mentre qui è lui che muove causa a YHWH. È noto, inoltre, come dalla radice verbale ריב sia derivata la denominazione tecnica del genere letterario caratterizzato dalla finzione giuridica, di cui vi sono numerosi esempi soprattutto nella letteratura profetica[68]. Anche in rapporto a questo dato, però, il testo si muove su un gioco di ribaltamenti, posto che in quella forma letteraria l'iniziativa della contesa è sempre di YHWH, di cui il profeta è una sorta di portavoce presso il destinatario. Geremia deve aver imparato bene la "tecnica" e pare averla assorbita se ora si fa contestatore di Dio e dei suoi giudizi. D'altra parte come fa egli a dire che YHWH è giusto e al tempo stesso a mettere in questione i suoi giudizi?

---

[68] La predicazione di Geremia si apre con un *rîb* contro Gerusalemme, cf. Ger 2,1-19, nella forma più tradizionale del processo intentato da YHWH. Giustamente è stato evidenziato che per se stesso il *rîb* è finalizzato alla riconciliazione: «Anche se il suo tratto distintivo è il momento dell'accusa, il suo ambito vitale sono le relazioni familiari e il suo fine non è condannare o vincere l'altro ma con-vincerlo, affinché l'originario vincolo di alleanza che dice l'identità stessa dei soggetti coinvolti possa rinsaldarsi», S.M. SESSA, *«Và e grida agli orecchi di Gerusalemme! Il rîb contro la città amata (Ger 2,1-19)»*, in «PdV» 58/1 (2013) 24-28.26. Nel caso di Ger 12, però, è così? La questione rimane aperta.

Il paradosso, però, ha la sua motivazione realistica e la contestazione ci appare immediatamente legittima: la prosperità di chi opera il male scandalizza ieri come oggi e la visione di certa tradizione sapienziale secondo cui la situazione oggettiva (di salute, di benessere, di posterità) di ognuno dipenda dalla scelta etica non può reggere alla semplice osservazione che gli empi prosperano, mentre dovrebbero, per quella teoria, sperimentare situazioni sofferenza.

Nel versetto non vi è la controparte, che cioè i giusti sperimentano difficoltà non meritate, dunque non è lecito leggerla in filigrana. La questione è posta unicamente sulla presenza dei malvagi e sulle conseguenze del loro operato e assume subito, al v. 2, la connotazione di un'invettiva contro Dio, giocata su un immaginario agreste:

נְטַעְתָּם גַּם־שֹׁרָשׁוּ יֵלְכוּ גַּם־עָשׂוּ פֶרִי קָרוֹב אַתָּה בְּפִיהֶם
וְרָחוֹק מִכִּלְיוֹתֵיהֶם

«Li hai piantati, (per cui essi) hanno anche fatto radici, sono cresciuti[69] e hanno perfino fatto frutto. Tu sei vicino alle loro labbra, ma lontano dai loro reni (dal loro intimo)».

I malvagi sono visti come piante prospere che mettono radici e si sviluppano portando frutti. L'applicazione della metafora è evidente e si riferisce alla solidità e alla sicurezza con cui gli empi riescono a realizzare i loro progetti. Non si tratta, però, di un caso, né la questione si scioglie solo con un'eventuale promessa divina della loro soppressione. Il problema è

[69] L'imperfetto potrebbe indicare un'azione continua, come è effettivamente quella della crescita di una pianta, cf. J.E. SMITH, *Lerning to pray the Jeremiah Way*, Lulu.com, 2017, 62.

radicale: Geremia non lesina a Dio l'accusa di essere responsabile della presenza dei malvagi nel mondo.

La questione della sapienza tradizionale non poteva essere ricondotta in maniera più corrosiva sul piano teologico di quanto non avvenga in questo duplice passaggio.

Al v. 3, ad ogni modo, Geremia chiede a Dio di rimettere le cose a posto, riservando i malvagi per la distruzione con la metafora cruenta del gregge condotto al macello per il massacro, per tornare al v. 4 ad un'ulteriore domanda in cui è ripreso l'immaginario vegetale:

עַד־מָתַי תֶּאֱבַל הָאָרֶץ וְעֵשֶׂב כָּל־הַשָּׂדֶה יִיבָשׁ

«Fino a quando sarà afflitta la terra e l'erba di tutta la campagna seccherà?».

A questi interrogativi incalzanti del profeta, YHWH risponde. I v. 5-6, infatti, contengono la reazione divina alla provocazione del profeta, strutturata in due momenti, il primo composto da due domande parallele e il secondo dallo svelamento della trame che i compaesani stanno architettando nei confronti di Geremia:

כִּי אֶת־רַגְלִים רַצְתָּה וַיַּלְאוּךָ וְאֵיךְ תְּתַחֲרֶה אֶת־הַסּוּסִים
וּבְאֶרֶץ שָׁלוֹם אַתָּה בוֹטֵחַ וְאֵיךְ תַּעֲשֶׂה בִּגְאוֹן הַיַּרְדֵּן
כִּי גַם־אַחֶיךָ וּבֵית־אָבִיךָ גַּם־הֵמָּה בָּגְדוּ בָךְ גַּם־הֵמָּה
קָרְאוּ אַחֲרֶיךָ מָלֵא אַל־תַּאֲמֵן בָּם כִּי־יְדַבְּרוּ אֵלֶיךָ טוֹבוֹת

«Se, correndo con dei pedoni, questi ti stancano, come potrai gareggiare con i cavalli? Se non ti senti al sicuro che in terra di pace, come farai quando il Giordano sarà in piena? Perché persino i tuoi fratelli e la casa di tuo padre ti tradiscono; anch'essi ti gridano dietro a piena voce; non li credere quando ti diranno delle buone parole» (Ger 12,5-6).

Le due domande divine fanno da *pendant* a quelle del profeta. Il tono è ancora sapienziale, trattandosi in realtà di due proverbi in forma interrogativa in cui il destinatario è chiamato alla riflessione sulle sue reali risorse per affrontare un qualche problema.

La struttura di entrambe le questioni è impostata sul paragone tra un minore e un maggiore, insistendo su una connotazione immaginifica presa, però, da contesti diversi. Nel primo caso il confronto, a dire il vero, è improbabile, facendo riferimento al mondo agonistico fra un dato realistico, la corsa fra pedoni, e uno iperbolico, quella fra un uomo e i cavalli. Nel secondo caso il paragone è posto fra una situazione di abitazione in condizioni di pace e quella in una situazione minacciata dalla piena del Giordano.

Il doppio proverbio si scioglie nella rivelazione di una concreta situazione di pericolo che Geremia sta vivendo senza esserne a conoscenza, perché messa in atto dalla sua casata di appartenenza, a mostrare come la contestazione del profeta a Dio sia sproporzionata rispetto alle sue capacità umane di percepire la realtà. D'altra parte il testo sembra alludere proletticamente a una situazione ancora più drammatica della presente[70]. A conclusione del libro che gli è intestato, Giobbe riceverà l'atto di sfida di YHWH su analoghi presupposti.

Dio, intanto, mostra di mettersi dalla parte di Geremia, sovvertendo l'atteggiamento di ostilità che egli ha messo in atto. I malvagi di cui il profeta parla hanno un volto inatteso, ed è quello dei suoi familiari e compaesani, come a dire che più che occuparsi di questioni di alta "teodicea" egli

---

[70] Cf. J. BRIEND, *Geremia*, 38.

dovrebbe osservare la realtà meglio di quanto non stia facendo e capire quel che gli sta accadendo attorno.

4.2. «Perché la mia angustia è perenne?»

All'inizio della seconda confessione, in 15,10, Geremia si rivolge a sua madre che lo ha generato אִישׁ רִיב וְאִישׁ מָדוֹן לְכָל־הָאָרֶץ: «Uomo di litigio e di contesa per tutto il paese».

Il tema ci riporta a Ger 1,4-19, che va tenuto costantemente come sfondo ermeneutico di questa seconda lamentazione. D'altra parte, però, vi è l'aggancio con la prima confessione modulato sulla ricorrenza del sostantivo רִיב. Il testo è ancora particolarmente ironico, poiché Geremia lamenta il dover contendere a causa della sua chiamata profetica mentre egli stesso ha mosso causa a Dio. Per altro verso l'espressione è rafforzata dal parallelismo con il termine sinonimo מָדוֹן. Il riferimento a "tutto il paese" va letto in metonimia, e perciò in ordine al popolo che lo abita. Vi è, dunque, un passo avanti rispetto alla confessione precedente, probabilmente grazie all'intervento correttivo con cui YHWH ha tentato di far accettare a Geremia il fatto di essere una figura divisiva all'interno del popolo.

Su questo piano la questione qui rivolta a YHWH si allinea alla centratura personale data dalla risposta divina alle due domande del profeta presenti nella prima confessione e riguarda propriamente gli effetti della sua coerenza alla missione. Geremia non ha cercato di essere conciliante. Ora sta sperimentando le conseguenze della sua fedeltà alla missione al punto da essere segnato in maniera permanente sia nell'intimo sia nel corpo:

לָמָּה הָיָה כְאֵבִי נֶצַח וּמַכָּתִי אֲנוּשָׁה מֵאֲנָה הֵרָפֵא

«Perché la mia angustia è perenne/continua e la mia piaga incurabile, non vuole guarire?».

Se prima egli si rivolgeva alla madre, radicalizzando il suo disagio in relazione alla sua stessa generazione, adesso parla a Dio chiedendo la vendetta sui suoi persecutori e la salvezza per sé (Ger 15,15)[71].

Tutto ciò porta alla luce lo sconquasso interiore che Geremia sta vivendo a causa alla sua vocazione. Infatti, finalmente in Ger 15,16 emerge l'elemento dell'adesione che era assente nel racconto della vocazione, ma in un contesto di profonda delusione nei confronti di Dio:

נִמְצְאוּ דְבָרֶיךָ וָאֹכְלֵם וַיְהִי (דְבָרֶיךָ)

[דְּבָרְךָ] לִי לְשָׂשׂוֹן וּלְשִׂמְחַת לְבָבִי כִּי־נִקְרָא שִׁמְךָ עָלַי

יְהוָה אֱלֹהֵי צְבָאוֹת

«Quando fui trovato dalle tue parole, io le ho divorate; le tue parole sono state la mia gioia, la delizia del mio cuore, perché il tuo nome è invocato su di me, Signore, Dio degli eserciti».

Il testo si evolve in un'accusa a Dio:

תִּהְיֶה לִי כְּמוֹ אַכְזָב מַיִם לֹא נֶאֱמָנוּ

«Sei per me come acqua ingannevole, non ci si può fidare!».

L'immagine delle acque infide può avere una duplice valenza: indicare un ruscello che nel deserto appare da lontano come una sorgente di

[71] Diamond ritiene che questo sia il versetto iniziale della confessione la quale, dunque, si strutturerebbe sulla base dello svolgimento classico di una lamentazione: v. 15 indirizzo e petizione, v. 16 professione d'innocenza, vv. 17-18 lamento, vv. 19-21 oracolo di risposta, cf. A.R.P. DIAMOND, *The Confessions of Jeremiah in Context*, 66.

approvvigionamento idrico ma che avvicinandosi si rivela privo d'acqua[72], oppure, all'opposto, un fiume tumultuoso. Mi oriento su questa seconda lettura, che potrebbe far da risonanza capovolta con l'intervento divino che chiudeva la prima confessione[73]. Ora per Geremia, YHWH è come quel fiume Giordano in piena, che era metafora della situazione di pericolo da cui Dio vuole metterlo in guardia.

YHWH si inserisce con la sua parola nel lamento del profeta, in 15,11-14 rassicurandolo sulla punizione dei nemici e in 15,19-21[74] invitandolo a ravvedersi e a correggere il suo atteggiamento di risentimento.

Questo secondo intervento prende avvio da un invito alla conversione: אִם־תָּשׁוּב וַאֲשִׁיבְךָ לְפָנַי: «Se tornerai, ti farò tornare[75] davanti a me», e si conclude con la promessa della liberazione:

וְהִצַּלְתִּיךָ מִיַּד רָעִים וּפְדִתִיךָ מִכַּף עָרִצִים

«Ti libererò dalla mano dei malvagi e ti salverò dalla mano dei violenti».

Intanto, però, la questione teologica è posta non più su una riflessione sapienziale generica, ma sulla sofferenza del profeta legata all'esercizio del

---

72 Cf. A. WEISER, *Geremia. Capitoli 1-25,14*, 272 n. 13.

73 Non in maniera definitiva propongo questa interpretazione, posto che l'immagine del torrente secco potrebbe essere a sua volta un richiamo capovolto alla metafora teologica della "sorgente d'acqua viva" di Ger 2,13, cf. L. ALONSO SCHÖKEL - J.L. SICRE DIAZ, *I profeti*, Borla, Roma 1996[3], 560.

74 Anche in questo caso Holladay preferisce una delimitazione del brano più stretta, parlando semplicemente di Ger 15,15-19 e rilevando l'alternanza degli interventi del profeta e di YHWH, rispettivamente nei vv. 15-18 e 19, cf. W. HOLLADAY, *Jeremiah*, I, 98.

75 Thompson riconosce che nessuno fra i profeti ha esplorato i significati della radice *sûb* più di Geremia, applicandola a Israele come richiamo a "tornare" di nuovo a YHWH per vivere nell'obbedienza alla sua legge (cf. Ger 3,12-14; 4,1-4; 18,11; 31,18-19) e qui declinandola sorprendentemente in riferimento al profeta stesso come richiamo ad allontanarsi dalla sua ribellione e a riavvicinarsi a Dio, cf. J.A. THOMPSON, *Jeremiah*, 111-112.

suo ministero e, dunque, realmente radicata nella scelta che Dio ha compiuto nei suoi confronti.

Come per Giobbe il dolore diventa "luogo teologico" ma, senza facili deduzioni teoriche. V'è di mezzo, infatti, il totale disincanto di Geremia. La distanza che il profeta ha ormai posto fra sé e YHWH è tutta nella negazione לֹא נֶאֱמָנוּ che si pone come sigillo capovolto alla sua preghiera: "Non amen!",

L'invito alla conversione rivolto da Dio a Geremia suona come ennesimo tratto ironico all'interno del *corpus* delle confessioni, posto che è compito del profeta chiedere il popolo di "tornare" a Dio.

Da cosa dovrà guarire veramente Geremia? Forse dall'alienazione del senso della fede nella sua esperienza di sofferenza.

4.3. Dio sa...

Terza e quarta confessione sono una sorta di dittico, con elementi comuni che rendono plausibile l'ipotesi di un unico testo diviso e collocato in contesti differenti.

L'intervento terapeutico che YHWH di fatto ha messo in atto nei confronti del suo profeta sembra sortire buoni effetti. Geremia, infatti, pare accorgersi della sua deriva e nella terza lamentazione, in 17,14, esordisce invocando la guarigione:

רְפָאֵנִי יְהוָה וְאֵרָפֵא הוֹשִׁיעֵנִי וְאִוָּשֵׁעָה כִּי תְהִלָּתִי אָתָּה

«Guariscimi Signore e sarò guarito. Salvami e sarò salvato, perché tu sei la mia lode».

Il profeta riconosce il bisogno di avere dalla sua parte Dio, nel momento in cui sembra farsi pienamente carico della sua missione.

L'adesione e l'annunzio alla e della parola divina personali, però, impattano con l'ulteriore insidia mossa a Geremia dai suoi oppositori. Essi cercano l'evidenza della realizzazione delle sue nefaste profezie:

הִנֵּה־הֵמָּה אֹמְרִים אֵלָי אַיֵּה דְבַר־יְהוָה יָבוֹא נָא

«Ecco essi mi dicono: "Dov'è la parola del Signore? Che si realizzi!"».

Non è, almeno per il momento, in un contesto di opposizione a YHWH che Geremia riporta le accuse che gli vengono mosse a causa del suo annunzio, ma di confidente affidamento della sua situazione. In tutto ciò la terza confessione segna una svolta, almeno temporanea, dalla ribellione alla fiducia.

D'altra parte, però, quella degli oppositori non è una pretesa peregrina, ma "teologicamente" fondata su una delle indicazioni mosaiche per distinguere il vero dal falso profeta. Infatti, in Dt 18,22 la realizzazione della parola annunziata è criterio per validare l'autenticità dell'annunziatore sulla base del mandato divino:

אֲשֶׁר יְדַבֵּר הַנָּבִיא בְּשֵׁם יְהוָה וְלֹא־יִהְיֶה הַדָּבָר וְלֹא יָבֹוא
הוּא הַדָּבָר אֲשֶׁר לֹא־דִבְּרוֹ יְהוָה

«Quando il profeta dirà la parola nel nome del Signore, se essa non si compirà (lett. non verrà), allora quella parola non l'ha detta il Signore».

La formulazione in negativo e la compresenza del verbo יָבֹוא, potrebbero essere evidenza di un richiamo di Ger 17 a quel testo, che, come ho rilevato, faceva da sfondo al gesto d'incoraggiamento nel racconto della vocazione.

L’ultima parte della pericope, i vv. 16-18, insiste sul rapporto intimo con Dio che Geremia richiama dicendogli אַתָּה יָדָעְתָּ: «Tu sai». Da qui prende avvio l’invocazione profetica in cui Geremia chiede a Dio di non essere la sua rovina ma piuttosto quella dei persecutori. Così le due formulazioni antitetiche delle sorti del profeta e dei suoi nemici, sfociano nell’esplicita richiesta della distruzione dei persecutori:

יֵבֹשׁוּ רֹדְפַי וְאַל־אֵבֹשָׁה אָנִי
יֵחַתּוּ הֵמָּה וְאַל־אֵחַתָּה אָנִי
הָבִיא עֲלֵיהֶם יוֹם רָעָה וּמִשְׁנֶה שִׁבָּרוֹן שָׁבְרֵם

«Si vergognino i miei persecutori e non abbia a vergognarmi io,
siano terrorizzati essi e non sia terrorizzato io,
fa venire su di essi il giorno della sventura e con doppia calamità colpiscili».

Nel clima di confidenza fra Geremia e YHWH che questa confessione sembra ristabilire si insinua comunque un dubbio: Dio si metterà realmente dalla parte del profeta o sarà piuttosto la sua rovina?

La penultima confessione, 18,18-23, è un’ulteriore supplica di Geremia per la distruzione dei suoi oppositori, che parte dalla memoria della sua iniziale solidarietà nei loro confronti ma si sviluppa nella richiesta a Dio di distruggerli:

Ger 18,20:

זְכֹר עָמְדִי לְפָנֶיךָ לְדַבֵּר עֲלֵיהֶם טוֹבָה לְהָשִׁיב
אֶת־חֲמָתְךָ מֵהֶם

«Ricordati come io mi sono presentato davanti a te per parlare in loro favore, e per distogliere la tua ira da loro».

Ger 18,23:

(וְהָיוּ) [וְיִהְיוּ] מֻכְשָׁלִים֙ לְפָנֶ֔יךָ בְּעֵ֥ת אַפְּךָ֖ עֲשֵׂ֥ה בָהֶֽם

«Siano essi abbattuti davanti a te! Agisci contro di loro nel giorno della tua ira!»

Neppure in questo brano v'è traccia dell'iniziale ribellione a YHWH, mentre piuttosto la prospettiva teologica alla base della preghiera profetica sembra accomodarsi sulla visione più convenzionale di Dio che si schiera dalla parte del giusto perseguitato.

In tal senso si fa strada la percezione della conoscenza profonda che YHWH ha delle cose e a quel «Tu sai...» di Ger 17,16, cui fa *pendant* in Ger 18,23 l'espressione:

וְאַתָּ֨ה יְהוָ֜ה יָדַ֗עְתָּ אֶֽת־כָּל־עֲצָתָ֤ם עָלַי֙

«Tu conosci tutti i loro piani contro di me».

Manca la risposta di YHWH sia nella terza sia nella quarta confessione perché l'animo del profeta si dirige verso un acquietamento in cui la visione divina si svela in immagini più serene rispetto alle precedenti pericopi, ovvero perché l'autore imbastisce una strategia retorica verso l'ultimo brano dalla conclusione spiazzante.

Certo è che il fare teologia necessita anche del silenzio di Dio e dell'attesa dell'uomo, consapevole che comunque Dio sa...

5. La quinta confessione

5.1. Una sola confessione?

L'ultima delle cinque confessioni, fra tutte probabilmente la più nota, è anche quella più problematica sul piano interpretativo già a motivo della sua delimitazione e della sua unità.

La pericope inizia in Ger 20,7 nello stile della lamentazione ma i vv. 11-13 sono una lode a Dio salvatore, che potrebbe ben figurare come conclusione dell'intero itinerario tematico della vocazione e delle cinque confessioni, definendo una sorta di *heppy end* della crisi esistenziale e vocazionale di Geremia, tanto attesa quanto, però, prevedibile. Tuttavia, i vv. 14-18 presentano una drammatica maledizione che riporta tutto alla ribellione del profeta a Dio nei termini radicali della messa in questione della nascita per la missione. Diversi commentatori, pertanto, leggono il testo come una sorta di antologia di brani, rifacendosi principalmente all'ipotesi che i vv. 7-13 e i vv. 14-18 siano due distinte confessioni[76].

Sul piano diacronico la questione inerente l'origine del testo è presto liquidata in rapporto all'aggiunta dei versetti finali a un presunto brano originario che si concludeva con la lode a YHWH. D'altra parte, però, su

[76] Si tratta di una scelta diffusa. Diamond, ad esempio, tratta in due distinti paragrafi Ger 20,7-13 e 20,14-18, cf. A.R.P. DIAMOND, *The Confessions of Jeremiah in Context*, 101-121. Così avviene anche in diversi commentari di varia impostazione, come quello scientifico di R. DAVIDSON, *Jeremiah*, I, 159-163 e 163-165 e quello divulgativo di P.A. VIVIANO, *Jeremiah, Baruch*, Liturgical Press, Collegeville 2013, 62-64. D'altra parte, però, non sono pochi i commentatori che si occupano del testo come unità, cf. L. BOADT, *Jeremiah*, 149-156; H. LALLEMAN, *Jeremiah and Lamentations. An Introduction and Commentary*, Inter-Varsity Press, Downers Groove - Nottingham 2013, 352; L. STULMAN, *Jeremiah*, 197.

analoghi presupposti si può pensare che l'inserimento riguardi i versetti centrali, sebbene difficilmente si possa spiegare perché essi non siano stati collocati a conclusione del brano.

La scelta di Alonso Schökel e Sicre Diaz di commentare la seconda parte dopo la terza, sulla base dei dati testuali appare del tutto arbitraria e sembra scaturire da un'evoluzione tematica precostituita[77].

Non meno congetturale, sul piano sincronico, è l'ipotesi di Pohlmann secondo cui in questi versetti ci sia un cambio di locutore e non sia più Geremia a parlare bensì Pascur, allo scopo di mostrare in maniera esemplare la fine dell'empio.

Considerando il testo nella sua configurazione definitiva, si pone la questione dell'unità e della struttura del brano evidenziando i vv. 14-18 come parte dell'ultima confessione sia in relazione ai dati rilevabili nella pericope, sia in riferimento alla chiusura del *corpus* vocazione-confessioni sul tema inclusivo della generazione-nascita. Il dato appare in tutta la sua evidenza. Che esso possa dipendere da un livello di composizione finale non annulla le questioni emergenti della delimitazione e dell'unità del brano, al fine di coglierne il senso complessivo.

Sulla delimitazione del brano non v'è dubbio che Ger 20,7 segni un cambio di genere e di tono rispetto ai versetti precedenti che sono centrati sull'annunzio della deportazione in Babilonia all'interno del contrasto con Pascur, soprintendente-capo del tempio. Infatti, da un oracolo diretto allo stesso Pascur si passa alla *qinah* rivolta a YHWH.

---

[77] Cf. L. ALONSO SCHÖKEL - J.L. SICRE DIAZ, *I profeti*, 582-584.

Relativamente alla conclusione la questione si fa più complessa, proprio per le motivazioni già rilevate. Tuttavia, essa può essere individuata al v. 18 in base al cambio di genere e di tono segnato da Ger 21,1, in cui si ha il segno dell'avvio di una nuova fase nella missione di Geremia e nella sua relazione con le istituzioni. Il capitolo, infatti, inizia con l'espressione stereotipata: הַדָּבָר אֲשֶׁר־הָיָה אֶל־יִרְמְיָהוּ: «La parola che fu rivolta a Geremia», e prosegue con il riferimento a un nuovo contesto storico, cioè l'invio a Geremia di Pascur e Sofonia da parte di Sedecia per chiedergli l'intercessione presso il Signore al fine di allontanare la minacciosa avanzata di Nabucodonosor. Vi è comunque continuità fra l'episodio precedente e quello successivo alla confessione, sia in relazione alla centralità della figura di Pascur nella vicenda, sia nella risposta del profeta alla richiesta che si pone in relazione con 20,1-6, dove si annunzia che ormai Gerusalemme sarà presa dai Babilonesi.

L'incrocio di questi dati rende evidente che 20,7-18 dal punto di vista della forma, del destinatario delle parole di Geremia (YHWH) e del contenuto si distingue da quanto immediatamente lo precede e lo segue, sebbene il rapporto fra questi testi necessiti di un approfondimento specifico.

Una volta indicata la relativa autonomia della pericope rispetto al contesto, rimane da definire la rete linguistica e tematica che possa giustificare la scelta di considerare 20,7-18 come un unico brano, posto che esso è attraversato dal tema della persecuzione di Geremia e dei suoi effetti sia sul profeta stesso sia sui suoi delatori.

A risaltare, innanzitutto, è un gruppo di termini che definisce le caratteristiche della persecuzione subita da Geremia: v. 7: שְׂחוֹק, "motteggio";

לַעַג, "beffe"; v. 18: בֹּשֶׁת, "vergogna". I tre sostantivi sono afferenti al tema della persecuzione del profeta nella forma della derisione. Il motivo appare anche al v. 11 ma riferito agli oppositori del profeta: בֹּשׁוּ: «si vergogneranno»; כְּלִמַּת עוֹלָם: «vergogna eterna».

Assume particolare rilevanza la determinazione del tempo della persecuzione, espresso con l'uso del sostantivo יוֹם, "giorno", in rapporto alla totalità sulla vita del profeta: v. 7: כָּל־הַיּוֹם: «tutti i giorni»; v. 18: יָמָי: «i miei giorni». Specularmente la stessa idea è detta della "vergogna" che dovranno provare i persecutori: v. 11: כְּלִמַּת עוֹלָם לֹא תִשָּׁכֵחַ: «vergogna eterna non sarà dimenticata». Inoltre, il termine עוֹלָם è presente vv. 11.17.

Accanto a questi richiami che attraversano l'intera pericope, ve ne sono altri che raggruppano i versetti in alcuni nuclei tematici, corrispondenti al diverso tenore delle sezioni. In particolare rilevo la presenza del verbo: פתה, "sedurre/ingannare" ai vv. 7.10 e quella della radice יכל, "prevalere/potere/riuscire", ai vv. 7.10. Quest'ultima è presente anche al v. 11 e fa da parola-gancio con quanto segue.

Nella sezione conclusiva, l'aggettivo אָרוּר si trova ai vv. 14.15 e definisce la doppia esecrazione del giorno della nascita e del latore della notizia presso il padre del profeta. I versetti finali sono anche contraddistinti dall'ambito semantico della generazione, grazie alla ricorrenza del verbo ילד: "generare", ai vv. 14 (2xx).15.18, del sostantivo רֶחֶם, ai vv. 17 (2xx).18, dei riferimenti al rapporto genitori-figlio: אִמִּי (vv. 14.17), אָבִי (vv. 14), בֵּן (v. 15). All'opposto, è presente anche l'ambito semantico della morte: לֹא־מוֹתְתַנִי e קִבְרִי.

Oltre al tono nettamente diverso evidenziato fra le sue diverse parti, nel brano sono presenti, dunque, dei forti richiami linguistici e tematici che consentono di distinguere i vv. 7-10 e 14-18.

D'altra parte, però, sono numerosi gli agganci trasversali rilevati che dimostrano l'unità complessiva del brano: l'inclusione del sostantivo "giorno", il tema dello sberleffo e della vergogna subiti dal profeta, ripreso in opposizione nella parte centrale per i persecutori, la radice יכל che funge da parola-gancio fra i vv. iniziali e quelli centrali. In definitiva, pertanto, nella pericope vi sono parti ben definite ma sono saldate fra loro.

Risulta chiaro, a questo punto, che Ger 20,7-18 ha una struttura tripartita, costituita dal lamento del profeta (vv. 7-10), dalla parte laudativa (vv. 11-13) e dalla maledizione (vv. 14-18). Il tono negativo della prima e della terza sezione potrebbe suggerire una struttura concentrica A. B. A'. che ponga in risalto l'espressione di fiducia e la lode. Tuttavia, questo elemento è drasticamente superato dalla doppia esecrazione dei versetti successivi, che si pone come il punto più drammatico del brano e fin qui dell'intera vicenda del profeta. Pertanto, a mio avviso, la struttura tripartita si evolve in un *anticlimax*. Si potrebbe dire, dunque, che il brano ha uno sviluppo a spirale verso il basso, costituito cioè dalla concatenazione di elementi ripresi e disposti in intensità drammatica negativa.

5.2. Un commento

5.2.1. *Il lamento del profeta a YHWH (vv. 7-10)*

L'*incipit* del brano è uno dei passi più noti della letteratura profetica, potente e ironico, poetico e drammatico.

Il versetto si suddivide in due stichi, il primo dei quali disposto su un parallelismo:

A. פִּתִּיתַנִי יְהוָה B. וָאֶפָּת

A'. חֲזַקְתַּנִי B'. וַתּוּכָל

«Mi hai sedotto[78], Signore, e mi sono lasciato sedurre, mi hai fatto forza e ha prevalso».

Gli elementi A. sono costruiti alla stessa maniera: verbo con soggetto YHWH + suffisso di prima persona singolare riferito a Geremia, mentre i punti B. indicano una situazione di passività del profeta rispetto all'azione divina[79].

Il secondo stico del versetto, invece, introduce il tema portante della *qinah* e delle confessioni in genere, cioè la difficoltà della missione determinata dal contenuto della predicazione e dal conseguente contrasto con i destinatari:

הָיִיתִי לִשְׂחוֹק כָּל־הַיּוֹם כֻּלֹּה לֹעֵג לִי

«Sono diventato oggetto di scherno ogni giorno, ognuno si fa beffe di me».

---

[78] פִּתִּיתַנִי è verbo di difficile interpretazione e tuttavia presente nei manoscritti più rilevanti. La LXX rende il verbo con ἠπάτησάς με: «mi hai ingannato» che mette in evidenza da una parte un'azione di frode da parte di Dio nei confronti di Geremia e dall'altra l'ingenuità del profeta, mentre la Vulgata traduce con *seduxisti me* che ha una valenza sessuale.

[79] Nel primo caso attraverso l'uso del *niphal*, nel secondo in rapporto al contenuto della radice usata.

Il primo stico ha un accentuato tono paradossale, a motivo della duplice valenza, affettiva e sapienziale, della radice פתה[80].

In Os 2,16 il verbo ritorna in un contesto noto quanto controverso:

לָכֵ֤ן הִנֵּה֙ אָנֹכִי֙ מְפַתֶּ֔יהָ וְהֹלַכְתִּ֖יהָ הַמִּדְבָּ֑ר וְדִבַּרְתִּ֖י עַל־לִבָּֽהּ

«Perciò, ecco: Io la sedurrò e la condurrò nel deserto e parlerò al suo cuore».

La metafora dell'amore tradito si scioglie in una sorta di ripetizione dell'esperienza esodale, che YHWH finalizza al ricupero del rapporto con il suo popolo infedele. Il livello di significazione è duplice perché a quello consolidato in Os 1-3 della relazione del profeta con la moglie adultera, si sovrappone quello della rilettura della permanenza nel deserto come contesto di fedeltà reciproca fra YHWH e Israele. Per sé si tratta di un processo di rilettura che connota positivamente quel che, invece, è stata una situazione di continue ribellioni del popolo a Dio. La ripresa avviene, pertanto, in chiave nuziale, laddove il verbo פתה indica l'atto della seduzione, e il "parlare al cuore" un riferimento a una situazione d'intimità profonda fra YHWH e la sposa-Israele. Questo significato si allinea a diverse occorrenze del verbo, in cui esso assume propriamente la valenza della seduzione sessuale: Es 22,15; Gdc 16,5; Sir 42,10. Nel primo caso la radice è posta in inferenza con שָׁכַב, che nel contesto indica la violenza sessuale di un uomo a una vergine.

D'altra parte, però, il sostantivo פְּתִי indica "l'inesperto", "l'ingenuo", per cui il verbo è attestato anche con il senso di raggirare o, al passivo, dell'essere

80 Cf. W. HOLLADAY, *Jeremiah*, I, 113.

preso in giro. In 1 Re 22,20-22 e in Ez 14,9 con questo significato, la radice ha per soggetto YHWH e per destinatario i profeti[81].

Questa seconda declinazione ben si raccorda con l'accusa che Geremia ha già mosso a YHWH nella seconda *qinah* (cf. Ger 15,18).

I due significati si sovrappongono e si richiamano a vicenda: Geremia è stato (o si sente) sedotto e ingannato. Di fatto YHWH ha ordinato a Geremia di non sposarsi, contro la consuetudine del tempo e in senso opposto alle indicazioni date ad altri profeti. La "seduzione" cui qui si allude, dunque, sarebbe a suo modo sostitutiva del rapporto nuziale che a Geremia è negato. In questo v'è, per di più, il riferimento all'atto di violenza evocato nella seconda parte del parallelismo: fare forza-prevalere. Geremia si sente come violentato da Dio che ha voluto un rapporto esclusivo con lui sul piano affettivo-nuziale.

Anche la declinazione sapienziale, però, è valida. Al momento della chiamata Geremia ha protestato di essere un "ragazzino" e, dunque, del tutto impreparato davanti al compito che gli è prospettato. Nel suo percorso di fede egli ha anche sperimentato che la sua incompetenza ad affrontare le situazioni cui va incontro nell'espletamento della sua missione ha un impatto "teologico", in quanto egli a sue spese crede di aver trovato in Dio uno di cui non ci si può fidare. L'inganno ha avuto a sua volta un aspetto di violenza, posto che al momento della vocazione Geremia ha tentato invano di svincolarsi dall'incarico prospettatogli.

---

[81] In 1 Re 22,20-22 esso si trova al *piel*, come qui, per indicare lo spirito di menzogna dato ai profeti perché annunziassero la falsa vittoria di Acab nella guerra contro Ramot di Galaad. In Ez 14,9 il riferimento è più generico:

וְהַנָּבִיא כִי־יְפֻתֶּה וְדִבֶּר דָּבָר אֲנִי יְהוָה פִּתֵּיתִי

«Se il profeta si lascia ingannare e dice una qualche parola, io il Signore l'ho ingannato».

Il secondo stico del versetto iniziale del brano pone l'accento sulle accuse che vengono rivolte a Geremia e sulla sua conseguente situazione di difficoltà, che qui è collocata sul piano della sofferenza interiore più che su quella fisica. I sostantivi שְׂחוֹק e לַעַג rinviano a un'azione diffamatoria che, essendo continua, כָּל־הַיּוֹם, è una sorta di stillicidio nei sui confronti.

Su tutto prevale il senso di assoluta solitudine che il profeta sta vivendo, dovuto sia all'opposizione dei suoi detrattori, sia, ancor prima, al sentirsi violato da Dio nella sua sfera affettiva e intellettiva.

I due versetti successivi riprendono all'inverso i riferimenti del v. 7. Infatti, prima si trova l'annuncio e i destinatari/avversari (v. 8a) e dopo il combattimento interiore che Geremia vive nei confronti di Dio e della sua parola (vv. 8b-9):

כִּי־מִדֵּי אֲדַבֵּר אֶזְעָק חָמָס וָשֹׁד אֶקְרָא כִּי־הָיָה דְבַר־יְהוָה
לִי לְחֶרְפָּה וּלְקֶלֶס כָּל־הַיּוֹם
וְאָמַרְתִּי לֹא־אֶזְכְּרֶנּוּ וְלֹא־אֲדַבֵּר עוֹד בִּשְׁמוֹ וְהָיָה בְלִבִּי
כְּאֵשׁ בֹּעֶרֶת עָצֻר בְּעַצְמֹתָי וְנִלְאֵיתִי כַּלְכֵל וְלֹא אוּכָל

«Si. Ogni volta che parlo, devo gridare. "Violenza e saccheggio!", proclamo. Poiché la parola del Signore è diventata per me motivo di vergogna e scherno, tutti i giorni.

Ho detto: "Non lo ricorderò più e non parlerò più in suo nome", ma nel mio cuore vi è come un fuoco che arde, chiuso nelle mie ossa, mi sforzo di contenerlo ma non ci riesco».

Il binomio חָמָס וָשֹׁד: «violenza e distruzione» al centro del v. 8a, si trova anche in Ger 6,7. La predica proclamata nel tempio e riportata al capitolo sesto si pone, però, come fatto emblematico della predicazione di Geremia e pertanto l'occorrenza unica del binomio in questi due passi fa di 20,8 una ripresa sintetica dell'intero annunzio di denuncia del profeta.

Il כִּי che segue assume una valenza affermativa-rafforzativa ma può indicare una conseguenza: "cosicché", ovvero causale: "poiché". Certo è che nella lamentazione rivolta a YHWH il lemma דְבַר־יְהוָה piuttosto che il sostantivo con il suffisso di seconda persona singolare maschile "la tua parola" indica una presa di distanza di Geremia dall'annunzio e *in primis* da Dio stesso.

Questo tono distaccato è preludio alla messa a tema del combattimento interiore del profeta, che egli narra al v. 9 con particolari accenti drammatici e che si muove sul duplice crinale del rapporto di Geremia con YHWH e della missione. Il primo aspetto è imperniato sul verbo זכר, "ricordare". L'unica possibilità che Geremia avrebbe di rompere la sua relazione con Dio è dimenticarlo, perché ormai lo ha incontrato e conosciuto. Il secondo aspetto si riferisce al parlare nel "suo nome", com'è proprio del ministero profetico. Geremia potrebbe metter fine alla sua missione semplicemente tacendo.

Si tratta, però, di un'ipotesi la cui realizzazione è impossibile.

Nel primo segmento Geremia fa uso della metafora del fuoco che arde nel cuore e prende le sue ossa. L'immagine è cruda. Si riferisce sia all'interiorità sia alla corporeità del profeta consumate dal pensiero di Dio e dalla forza della parola che dev'essere annunziata. Nel secondo segmento vi è una riflessione che completa la metafora: Geremia sta vivendo una lotta per contenere questo fuoco ardente che lo consuma e prevale su di lui. Siamo quasi visivamente messi innanzi a un incendio che, per quanto ci si sforzi, non può essere domato e porta distruzione. Il lemma conclusivo וְלֹא אוּכָל richiama il versetto iniziale, in cui il verbo aveva per soggetto direttamente YHWH.

In questi due versetti, però, Geremia parla fra sé e sé. Il dialogo con Dio sembra interrotto e il profeta si ritrova ad essere rinchiuso nella sua lotta interiore che coinvolge ancora una volta tutta la sua persona, cuore, ossa, interiorità, intelligenza, sentimenti e corpo.

L'antecedente più diretto è Ger 4,19-22 in cui il profeta dava sfogo alla sua sofferenza subito dopo aver annunziato la rovina di Gerusalemme[82].

Nell'ultima confessione rispetto a Ger 4 v'è però una sorta di radicalizzazione del tema.

Innanzitutto al v. 10 la percezione del profeta non è più sui clamori di guerra che stanno per abbattersi sul popolo, come in Ger 4,16-17, ma sulla guerra che gli viene mossa dai detrattori:

כִּי שָׁמַעְתִּי דִּבַּת רַבִּים מָגוֹר מִסָּבִיב הַגִּידוּ וְנַגִּידֶנּוּ כֹּל
אֱנוֹשׁ שְׁלוֹמִי שֹׁמְרֵי צַלְעִי אוּלַי יְפֻתֶּה וְנוּכְלָה לוֹ וְנִקְחָה
נִקְמָתֵנוּ מִמֶּנּוּ

«Poiché odo calunnia di molti, terrore intorno: "Denunciatelo e lo denunceremo". Ogni uomo della mia pace (amico), gli osservatori della mia costola (chi mi sta a fianco/mi osserva tallonandomi): "Forse si lascerà

---

82 Sul tema e sul brano si vedano: B. NAKKE KAISER, *Poet as "Female impersonator": The Image of Daughter Zion as Speaker in Biblical Poems of Suffering*, in «JR» 67 (1987) 164-182; M.E. MILLS, *Altery, Paice and Suffering in Isaiah, Jeremiah and Ezekiel*, T & T Clark International, New York-London, 2007; S. MANFREDI, *Geremia in dialogo*, Salvatore Sciascia editore, Caltanissetta 2002, 112-121.

corrompere/ingannare e allora prevarremo su di lui e prenderemo/otterremo la nostra vendetta su di lui"».

Il raro sostantivo דִּבָּה indica propriamente la "calunnia", la "diffamazione" che come soggetto qui non ha una piccola falange del popolo ma "molti", lasciando intendere che attorno al profeta si è ormai fatto terreno bruciato e l'ostilità nei suoi confronti è cresciuta a dismisura. Il sostantivo fa *pendant* con il lemma כֹּל אֱנוֹשׁ שְׁלוֹמִי. La situazione, dunque, si è capovolta: chi prima augurava la pace ora diffama il profeta.

La prima confessione era legata espressamente al contrasto di Geremia con i compaesani e con i parenti, particolarmente espressa in 12,6.

כִּי גַם־אַחֶיךָ וּבֵית־אָבִיךָ גַּם־הֵמָּה בָּגְדוּ בָךְ

גַּם־הֵמָּה קָרְאוּ אַחֲרֶיךָ מָלֵא אַל־תַּאֲמֵן בָּם כִּי־יְדַבְּרוּ אֵלֶיךָ טוֹבוֹת

«Poiché anche i tuoi fratelli e la casata di tuo padre, anche loro, ti tradiscono, anche loro ti gridano dietro a piena voce. Non fidarti di loro se ti dicono cose buone».

Si potrebbe pensare a un riferimento diretto alla situazione evocata in quel passo ma il tono dell'ultima confessione è molto più drammatico di quello della prima. In 12,6 è YHWH che parla al suo profeta e gli svela le trame dei propri familiari e di chi ipocritamente gli si presenta come amico, mentre qui il profeta, dopo aver contestato a YHWH il tradimento, sta parlando a se stesso nella totale solitudine esistenziale in cui si trova. Inoltre, il gruppo dei traditori ormai sembra essersi amplificato enormemente.

Trovo risonanze tematiche, non necessariamente di dipendenza, con il Sal 41,10:

גַּם־אִ֣ישׁ שְׁלוֹמִ֗י אֲשֶׁר־בָּטַ֣חְתִּי ב֔וֹ אוֹכֵ֖ל לַחְמִ֑י הִגְדִּ֥יל עָלַ֖י עָקֵֽב

«Anche l'amico in cui ponevo la mia fiducia, che mangia il mio pane, ha alzato contro di me il calcagno».

Essere perseguitato da chi dovrebbe amarlo è per Geremia il prezzo più caro da pagare alla fedeltà alla propria missione e innanzitutto a Dio.

Il contenuto della diffamazione che egli subisce è composto da due citazioni introdotte dai due incisi di cui si è detto. La prima di esse prende avvio, a sua volta, da una citazione delle parole di Geremia e si evolve in un invito collettivo a denunziarlo.

Il lemma מָג֣וֹר מִסָּבִ֔יב, infatti, che ha la sua antecedenza diretta nello scontro con Pascur, fa parte anche dell'oracolo di Ger 6,25: «Non uscite nei campi, non camminate per le vie, perché la spada del nemico è là. Tutto intorno è terrore (מָג֣וֹר מִסָּבִ֔יב)». Il lemma torna in Ger 46,5; 49,29.

In alternativa si è proposto di leggere il passo ancora come parole di Geremia. Così, ad esempio, Carroll e McKane[83]. Gli altri riferimenti, però, fanno parte sempre dell'annunzio di Geremia e sembrano un vero e proprio *leitmotiv* della sua predicazione che ora viene ripresa a mo' di motteggio dai suoi detrattori.

L'espressione speculare הַגִּ֙ידוּ֙ וְנַגִּידֶ֔נּוּ è basata sulla ripetizione della radice נגד, per sé "narrare", "raccontare", e nel contesto assume una valenza chiaramente negativa. Infatti, l'espressione formata da un imperativo alla seconda persona plurale e da un *yiqtol* alla prima persona plurale preceduto dal *waw* di congiunzione, esplicita il meccanismo di una trama contro Geremia che vede i suoi nemici solidali fra loro. Dunque non si fa riferimento

---

[83] Cf. R.P. CARROLL, *Jeremiah*, 400; W. MCKANE, *A critical and exegetical Commentary on Jeremiah*, T & T Clark International, Edinburgh 1996, 477.

a due gruppi, ma ai "molti" che fra loro parlano trovando come punto di convergenza il progetto di condurre il profeta davanti a un qualche tribunale per ottenere a suo carico le sanzioni più gravi possibili. Anche qui ci troviamo davanti a un fatto paradigmatico: gli operatori di male spesso trovano unità nel progettare il male contro qualcuno.

La ripresa delle parole dei nemici alla fine del versetto definiscono ulteriormente il quadro delle loro trame.

Lo scopo di quest'azione comune è, dunque, il tentativo di fare in modo che Geremia si accusi da se stesso, trovando nella sua parola lo "scandalo" perché inciampi e cada. Il verbo יְפֻתֶּה al *pual*, infatti, indica una situazione di passività determinata dall'inesperienza. Siamo a un ulteriore richiamo con il versetto iniziale. Geremia, dunque, si sente davvero attorniato: tutti tentano di ingannarlo e di approfittare di lui. Qui ora, ancora in rapporto speculare col v. 7, a prevalere, וְנוּכְלָה לוֹ, sarebbero i nemici che potrebbero finalmente prendere da lui stesso, מִמֶּנּוּ, cioè dalle sue stesse parole e dalle sue azioni, l'occasione per vendicarsi.

La citazione delle parole dei nemici dà consistenza oggettiva alla lamentazione di Geremia. A questo punto non si tratta più di narrare la percezione della difficoltà della missione come nella vocazione, ma propriamente l'esperienza del contrasto con i persecutori che ha preso i contorni più drammatici del tradimento degli amici e delle trame da loro condivise per portarlo davanti a un qualche tribunale e farlo inciampare sulle sue stesse parole.

5.2.2. *La lode (vv. 11-13)*

וַיהוָ֤ה אוֹתִי֙ כְּגִבּ֣וֹר עָרִ֔יץ עַל־כֵּ֛ן רֹדְפַ֥י יִכָּשְׁל֖וּ וְלֹ֣א יֻכָ֑לוּ
בֹּ֤שׁוּ מְאֹד֙ כִּי־לֹ֣א הִשְׂכִּ֔ילוּ כְּלִמַּ֥ת עוֹלָ֖ם לֹ֥א תִשָּׁכֵֽחַ׃
וַיהוָ֣ה צְבָא֗וֹת בֹּחֵ֣ן צַדִּ֔יק רֹאֶ֥ה כְלָי֖וֹת וָלֵ֑ב אֶרְאֶ֤ה
נִקְמָתְךָ֙ מֵהֶ֔ם כִּ֥י אֵלֶ֖יךָ גִּלִּ֥יתִי אֶת־רִיבִֽי
שִׁ֚ירוּ לַֽיהוָ֔ה הַֽלְל֖וּ אֶת־יְהוָ֑ה כִּ֠י הִצִּ֛יל אֶת־נֶ֥פֶשׁ אֶבְי֖וֹן
מִיַּ֥ד מְרֵעִֽים

«Ma il Signore è con me come un eroe potente. Perciò i miei persecutori inciamperanno e non prevarranno, proveranno molta vergogna perché non comprenderanno, la (loro) vergogna eterna non sarà dimenticata.
Ora Signore degli eserciti, che provi il giusto e scruti reni e cuore, vedrò la tua vendetta su di loro perché a te ho manifestato la mia causa.
Cantate al Signore, lodate il Signore perché libera la vita del povero dalla mano dei malfattori».

Un *waw* avversativo introduce la parte laudativa che, effettivamente, si pone in netto contrasto con i versetti precedenti e costituisce il cuore teologico delle confessioni[84]. Segue l'affermazione base dell'intera sezione in richiamo speculare alla promessa divina di Ger 1,8.19 che centra l'attenzione sulla sovranità divina[85].

Su questo presupposto i tre versetti successivi corrispondono ad altrettanti movimenti del testo:

---

[84] Si tratta di uno dei testi centrali nella teologia dell'intero libro, cf. C.J.H. WRIGHT, *The Message of Jeremiah. Against Wind and Tide*, Intervarsity Press, Downers Groove 2014, 229.

[85] Cf. J.M. BRACKE, *Jeremiah 1-29*, Westminster John Knox Press, Louisville - London 2000, 164.

conseguenze sui nemici che saranno costretti alla fuga, non prevarranno su Geremia e dovranno vergognarsi della loro condizione;

preghiera vera e propria, in cui Geremia torna a rivolgersi a Dio come suo difensore;

invito alla lode, rivolto a un “voi”, sullo stile salmico.

Procedo per accenni su temi che, se approfonditi, darebbero enfasi a questioni non direttamente pertinenti al mio interesse.

Innanzitutto, v’è la chiusura del cerchio sulla promessa prospettata da YHWH a Geremia al momento della vocazione con la frase iniziale che sottintende il verbo essere al presente. Come Geremia ha denunciato l’ostilità dei suoi molti nemici che gli ha procurato l’espletamento fedele della sua missione, così confessa la presenza di Dio accanto a sé. Nella definizione teologica anche la qualifica complementare di guerriero valoroso è perfettamente consona all’immaginario bellico dell’ultima sezione del racconto vocazionale.

All’interno di quest’ultima confessione, dunque, pare esserci da parte del profeta un passaggio netto dall’accusa di tradimento rivolta a Dio all’esperienza dell’affidabilità della parola divina nei suoi riguardi.

Nel primo movimento della sezione il lemma וְלֹא יָכֹלוּ ribalta le trame dei detrattori. Inoltre, l’attestazione della presenza di YHWH accanto a Geremia realizza la promessa di Ger 1,19[86] e, dunque, vanifica del tutto i tentativi dei nemici di vendicarsi di lui.

La preghiera vera e propria insiste, invece, su toni intimi e profondi.

---

[86] Cf. J.R. LUNDBOM, *Jeremiah among the Prophets*, Cascade Books, Eugene 2012, 56.

Torna l'atmosfera iniziale del racconto della vocazione e il dialogo fra Geremia e il Signore sembra finalmente recuperato con richiami in parte in continuità, in parte in opposizione ad altre attestazioni delle confessioni.

In inclusione è ripreso l'asserto teologico di Ger 11,20[87], in contrappunto il riferimento alla "causa" che nella prima confessione era quella intentata da Geremia contro Dio, mentre qui è quella che il profeta affida al Signore. Il nesso si stabilisce in base al fatto che la conoscenza profonda che Dio ha degli esseri umani è il fondamento per la retribuzione giusta, questione centrale nella prima confessione[88].

Il riferimento che Geremia attribuisce alla sua situazione, a sua volta, va connessa con l'espressione «Tu sai...» di Ger 17,10 e pare essere speculare riflesso dell'affermazione divina archetipa: «Prima di formarti nell'utero ti ho conosciuto» (Ger 1,5).

L'invito alla lode che conclude questa sezione della pericope è semplicemente conseguente alla fiducia in Dio che il profeta pare aver ritrovato.

Le risonanze di analoghe espressioni salmiche sono numerose. I Sal 68,5.33; 96,1.2; 98,1; 105,2; 149,1, oltre a Is 42,10 sono parzialmente sovrapponibili al testo geremiano[89]. Ci troviamo davanti, pertanto, ad una

---

[87] Le numerose ripetizioni presenti all'interno del libro, fra cui sul piano teologico è centrale questa di Ger 20,12 e Ger 11,20, indicano un attento lavoro di riflessione sulla versione ebraica, cf. A.R.P. DIAMOND - K.M. O'CONNOR - L. STULMAN, *Troubling Jeremiah*, Sheffield Academic Press, Sheffield 1999, 228.

[88] Cf. G. FISCHER, *Geremia*, 107.

[89] Cf. H. MCKEATING, *The Book of Jeremiah*, Epworth Press, Peterborough 1999, 111.

reinterpretazione di tradizionali preghiere laudative in un contesto che intesse l'esperienza personale del profeta con accenti riferiti alla sua emblematicità[90].

5.2.3. *La maledizione (vv. 14-18)*

In rapporto all'origine di questi versetti bisogna avere l'umiltà di fermarsi sulla soglia e ravvisare possibili direzioni su cui orientarsi, concentrandosi sulla situazione presente del testo e tentare di dare una risposta alla domanda sul senso della sezione all'interno della pericope e del *corpus* vocazione-confessioni.

Tre movimenti caratterizzano la struttura dei versetti: la maledizione del giorno della nascita del profeta, v. 14; la maledizione dell'uomo che ne ha portato la notizia al padre, vv. 15-17; il lamento conclusivo in forma di domanda, v. 18.

La maledizione di un giorno nefasto è comune nel linguaggio di tutti i tempi, anche nella specifica declinazione di quello della nascita ed è spesso legato all'augurio della morte. In ambito profetico ci sono altri due esempi eccellenti, quello di Elia (cf. 1 Re 19,4) e quello di Giona (cf. Gn 4,3). I commentatori insistono anche sul parallelo con Gb 3[91]. Siamo, dunque, davanti a un *cliché* che marca ulteriormente l'appartenenza di Geremia ai

---

[90] Huey Pensa ad uno stato di euforia nel quale Geremia si sarebbe trovato mentre pronunciava queste parole, cf. F.B. HUEY, *Jeremiah*, 194. Bracke in maniera più pacata ritiene che l'uso del passato sia un modo per esprimere la fiducia nel Signore, come certezza per il futuro, cf. J.M. BRACKE, *Jeremiah 1-29*, 164. I richiami intertestuali, a mio avviso, sono sufficienti a dire che siamo di fronte a un *leitmotiv* ripreso e applicato alla situazione del profeta.

[91] Cf. J. BRIGHT, *Jeremiah: Translated with an Introduction and Notes*, Yale University Press, Garden City - New York 1965, 134; L. STULMAN, *Jeremiah*, 197; C.J.H. WRIGHT, *The Message of Jeremiah*, 229.

giusti perseguitati (Elia) ovvero alla schiera di chi si ritiene tale (Giobbe). Si tratta, ad ogni modo, di un motivo con precise declinazioni profetico-sapienziali.

Il v. 14 è strutturato sulla corrispondenza speculare di affermazione-negazione riguardo la stessa realtà, appunto il giorno della nascita:

אָר֣וּר הַיּ֔וֹם אֲשֶׁ֥ר יֻלַּ֖דְתִּי בּ֑וֹ
י֛וֹם אֲשֶׁר־יְלָדַ֥תְנִי אִמִּ֖י אַל־יְהִ֥י בָרֽוּךְ

«Maledetto il giorno in cui fui generato
Il giorno in cui mi generò mia madre non sia benedetto».

Il messaggio ne risulta particolarmente rafforzato e il richiamo a Ger 1,4 ne fa una sorta di espressione blasfema nei confronti di YHWH che ha voluto la nascita del profeta[92].

L'uomo che porta l'annunzio al padre è colpito egualmente da maledizione. Stupisce l'ampiezza di questa seconda esecrazione, strutturata in tre parti: maledizione dell'uomo, citazione dell'annunzio, ripresa ampliata della maledizione:

אָר֣וּר הָאִ֗ישׁ אֲשֶׁ֨ר בִּשַּׂ֤ר אֶת־אָבִי֙ לֵאמֹ֔ר יֻלַּד־לְךָ֖ בֵּ֣ן זָכָ֑ר
שַׂמֵּ֖חַ שִׂמְּחָֽהוּ
וְהָיָה֙ הָאִ֣ישׁ הַה֔וּא כֶּעָרִ֛ים אֲשֶׁר־הָפַ֥ךְ יְהוָ֖ה וְלֹ֣א נִחָ֑ם
וְשָׁמַ֤ע זְעָקָה֙ בַּבֹּ֔קֶר וּתְרוּעָ֖ה בְּעֵ֥ת צָהֳרָֽיִם
אֲשֶׁ֥ר לֹא־מוֹתְתַ֖נִי מֵרָ֑חֶם וַתְּהִי־לִ֤י אִמִּי֙ קִבְרִ֔י וְרַחְמָ֖הּ
הֲרַ֥ת עוֹלָֽם

92 Davidson ricorda Lev 20,9 come testo che indica nella maledizione anche dei familiari una grave colpa, però precisa che qui l'esecrazione non è rivolta alla madre ma al giorno e all'annunziatore della nascita, cf. R. DAVIDSON, *Jeremiah*, I, 164.

«Maledetto l'uomo[93] che portò l'annunzio a mio padre, dicendo: "Ti è nato un figlio maschio!", colmandolo di gioia.
Sia quell'uomo come le città che il Signore ha distrutto senza pentirsi. Ascolti grida al mattino e clamori di guerra a mezzogiorno,
perché non mi fece morire nel grembo, cosicché mia madre sarebbe stata il mio sepolcro e le sue viscere gravide per sempre».

La maledizione dell'uomo è ampliata grazie all'immagine delle città distrutte dall'ira di Dio. Ci si potrebbe orientare a riferimenti precisi, quali Sodoma e Gomorra, in una sorta di prolessi della sorte di Gerusalemme ma ad ogni modo anche qui si ha un processo di tipizzazione in cui l'assenza della citazione di nomi indica l'assunzione di un *cliché*, quello della rovina di una città come emblema della capacità di YHWH di mettere fine ai sistemi sociali, politici e religiosi strutturati sul peccato.

Al centro dell'esecrazione v'è l'annunzio della nascita di Geremia e la sua naturale conseguenza, la gioia del padre. Tutto, però, è sovvertito. Le immagini prese dal contesto della generazione sono radicalmente ribaltate: il grembo materno luogo in cui si genera la vita è associato al sepolcro, la nascita è legata all'augurio della morte, al portatore del lieto annunzio per eccellenza, appunto la nascita di un bambino, si chiede il motivo per cui non ha causato l'aborto.

Questo *surplus* di invettive fa pensare ad un atteggiamento d'irrefrenabile ira da parte del profeta che per un verso se la prende con chi è solo stato

---

[93] Anziché הָאִישׁ BHS propone הַיּוֹם per rendere più compatto il testo e mitigare la stranezza della maledizione dell'uomo che porta l'annunzio. Gli editori sono andati un po' oltre la lettura oggettiva dei dati, posto che nessun manoscritto antico riporta la lezione proposta.

mezzo di annunzio[94], dall'altra attribuisce al grembo materno e alla stessa madre immagini di morte, negandone la natura propria legata al dono della vita. Il risentimento del profeta appare, dunque, totalmente incontrollato.

Al v. 18 il brano si conclude con una domanda dal tono profondamente negativo:

לָמָּה זֶּה מֵרֶחֶם יָצָאתִי לִרְאוֹת עָמָל וְיָגוֹן וַיִּכְלוּ בְּבֹשֶׁת יָמָי

«Perché sono uscito dal grembo per vedere dolore e tormento e finire i miei giorni nella vergogna?»

La particella introduttiva לָמָּה ampliata con l'aggettivo זֶּה si trova con una certa frequenza nell'AT ed è nello stile poetico. Era già presente in Ger 6,20. Con forti accenti linguistici, dunque, questa domanda chiude il ciclo di riflessioni scettiche sul volere divino di questioni che hanno costellato il *corpus* vocazione-confessioni.

Qui l'oggetto della domanda assimila il testo a Ger 15,10, ma a differenza di quel passo, come anche delle domande della prima confessione, manca la risposta di YHWH. Il passo sembra riavvolgere il nastro, riportandolo in negativo al dato iniziale della chiamata profetica e marcando l'improvvisa involuzione del percorso umano, credente e ministeriale di Geremia.

La chiusura su questo accordo provoca una sorta di cacofonia che costringe a confrontarsi con molteplici ipotesi di senso. Di fatto la domanda di Geremia provoca una sorta di scacco matto alle certezze del lettore di trovare il bandolo della matassa. Più che chiudere il discorso, il passo lo apre, inchiodandoci alla domanda. Serve una considerazione complessiva del testo

---

[94] È evidente il carattere iperbolico del testo, posto che l'annunziatore è chiamato solo a comunicare la notizia dell'avvenimento al genitore e non interiene nelle fasi del parto.

e della sua struttura, senza la quale difficilmente si può trovare una qualche luce.

5.3. Quando le risposte non bastano

La prima e la seconda sezione del brano presentano un preciso percorso che Geremia compie: dal senso del tradimento di YHWH alla consapevolezza che in realtà Egli sta mantenendo le promesse ed è affidabile, dalla rottura del dialogo nel soliloquio al recupero dell'intimità con Dio.

Paradossalmente, l'esperienza della sofferenza pare aver portato il profeta alla consapevolezza che YHWH è realmente il Salvatore. Di fatto l'essere salvati è cosa ben più profonda dell'essere risparmiati, poiché quella è una non esperienza, questa è l'incontro con Dio che trae l'uomo da una situazione di difficoltà, di malattia o addirittura di prossimità alla morte.

In tal senso l'azione divina se all'inizio ha guidato Geremia nella conoscenza delle trame segrete dei suoi nemici, dopo lo ha lasciato dentro l'esperienza del dolore che lo ha comunque condotto alla coerenza piena con l'annunzio che ha dovuto dare, portandolo progressivamente a un distacco oggettivo dal suo popolo. Geremia deve guarire da un legame con i suoi che lo vede eccessivamente coinvolto sul piano emotivo nella sorte del paese e che, seppur giustificato sul piano affettivo, rischia di inficiare l'oggettività dello sguardo sul peccato del popolo.

Nella prima parte del brano è evidente che Geremia, pur lottando, è divenuto un tutt'uno col suo annunzio. In tal senso l'azione pedagogica di Dio ha funzionato e pare aver vinto diverse criticità: la tentazione di piegare l'annuncio alle situazioni contingenti, la paura del confronto con i persecutori e soprattutto il suo risentimento verso Dio che lo ha chiamato a una missione centrata sullo scontro.

Se si concludesse al v. 13 il brano ricalcherebbe la forma tradizionale della lamentazione individuale che spesso si apre alla lode per la liberazione, e tutto il *corpus* acquisirebbe la valenza di un percorso di riavvicinamento definitivo e pieno di Geremia a Dio sulla base dell'effettiva azione di salvezza di YHWH nei suoi confronti.

Non escludo che i versetti finali possano essere stati aggiunti o rielaborati nella fase conclusiva della strutturazione del *corpus*, ma questo non ci esime dall'interpretazione del testo, perché semmai ne postula la necessità.

Prendendo il testo per come si presenta e dovendo pensare che l'eventuale aggiunta dei versetti finali non è stata dovuta certamente a una svista redazionale, si deve concludere che il senso generale del brano (e dell'intero *corpus* delle confessioni) è stato volutamente modificato.

Non ritengo sufficiente l'interpretazione di Barbiero, secondo cui la riflessione conclusiva di Geremia sia suscitata dal fatto che egli non si accontenta di essere salvato perché si sente profondamente unito al popolo[95]. Se così fosse qui si avrebbe la stessa struttura di Ger 4, in cui il profeta annunzia la sventura ma immediatamente dopo protesta il suo malessere, fino alla somatizzazione. L'interpretazione è plausibile ma a questo punto non vi sarebbe alcuna evoluzione nel percorso personale di Geremia.

Vi potrebbe essere un'altra via che tiene conto dello sviluppo globale delle cinque confessioni, del loro innegabile collegamento con la vocazione e

[95] Così egli afferma: «Da una parte Geremia è contento, perché la sua parola si è mostrata veritiera, dall'altra egli soffre, perché questo giudizio comporta la distruzione del suo popolo, della sua città e, in certo modo, della sua stessa vita», G. BARBIERO, *«Mi ha sedotto, Signore»*, 270.

dell'esito conclusivo della vicenda di Geremia (dunque del contesto canonico generale). Nella parte laudativa l'esortazione alla lode di Dio come "liberatore del povero" ha un tono generale che conclude i primi due versetti dal tono fortemente personale. Il povero citato è al tempo stesso Geremia e chiunque si trovi in situazioni analoghe di ingiusta persecuzione.

Di fatto gli attributi che il profeta riferisce a YHWH nella sua preghiera: «Signore degli eserciti, che scruti il giusto, che vedi reni e cuore», costituiscono il motivo teologico portante del testo, con cui si pone in netto contrasto il tono esacerbato dell'ultima sezione e, particolarmente, la domanda del v. 18. Il tema di quest'ultima parte della pericope sostanzialmente è quello centrale nelle confessioni: Geremia non accetta la sua chiamata ad essere annunziatore di sventura, vorrebbe essere altro, e ciò lo porta a non accettarsi più perché ha percepito di essere indissolubilmente legato alla sua missione. Propriamente allora egli pone la questione nella sua radicalità, poiché se venisse liberato dal suo compito, automaticamente verrebbe meno l'oppressione dei persecutori.

Il rapporto tra l'esperienza di Geremia e il piano teologico è allora analogo a quello della prima confessione, ove all'attestazione della giustizia divina faceva seguito la domanda sull'esistenza degli empi. Dunque, se YHWH scruta mente e cuore e libera il giusto perseguitato, perché Geremia deve ancora denunciare quel che è sotto gli occhi di tutti, il male del suo popolo e dunque la conseguente distruzione di Gerusalemme? Se YHWH libera il povero, allora dovrebbe sollevare Geremia dalla sua missione, ovvero dargliene un'altra.

Vi è però un'evidente evoluzione rispetto alla prima confessione: Dio ora non risponde. Geremia è pronto a far passare la sua lamentazione in inno di lode, ma i segni della salvezza, per quanto professati, non ci sono ancora in maniera definitiva o quanto meno non bastano.

La situazione esistenziale del profeta è aperta. La vicenda di Geremia non è conclusa...

D'altra parte la domanda finale è radicale: perché è dovuto avvenire tutto questo?

La cicatrice rimane e la prospettiva da cui Geremia vede Dio, pur nella percezione della radicalità della sua relazione con lui, ne viene inevitabilmente segnata.

Il Dio di Geremia

La parola di YHWH che prende a prestito le parole di Geremia e risuona nella sua voce è il modo in cui la rivelazione prende forma in quel particolare tornante della storia di Giuda che fu il tempo immediatamente a ridosso della duplice deportazione a Babilonia. L'appassionata predicazione del profeta di Anatot non fu soltanto un monito potente alla conversione ma propriamente epifania di un Dio "passionale", che non ha timore di scendere dai troni di certe visioni profetiche precedenti per tentare *in extremis* la salvezza del suo popolo.

La rivelazione, però, va a vuoto.

Solo Geremia sembra accorgersene, osservando un semplice ramo di mandorlo ovvero una pentola bollente inclinata al punto da riversare il suo contenuto all'esterno e provocare il disastro. Che la parola di Dio si manifesti nella realtà concreta e feriale del popolo eletto è un dato proprio del profetismo biblico, conseguente alla natura storica della rivelazione. Geremia, però, pare acutizzarne le implicanze in ordine al dramma d'Israele, che non è propriamente la distruzione sempre più ineluttabile, ma il non ascolto. Egli stesso tenterà di imitare il suo popolo, cercando di porre un ostacolo fra sé e lo svelamento della parola divina, ma il vero profeta non è esperto in simili stratagemmi. Compresso fra la potenza della rivelazione divina e il senso di appartenenza a un popolo ribelle, Geremia compie progressivamente un percorso umano e credente che lo porta a scoprire inediti tratti del Volto di Dio, ovvero semplicemente l'identità del suo Dio...

Vi sono come tre tappe in questo cammino, che si pongono non propriamente in successione cronologica ma in livelli di approfondimento differenti.

Il principio, la contestazione della tradizione, la scoperta dello sguardo di Dio.

Radicalmente la relazione è posta da YHWH che rivendica su Geremia una conoscenza anteriore alla sua stessa esistenza e si rivela al profeta con la prerogativa dell'antecedenza assoluta, pure non propriamente questione cronologica ma teologica: Egli è il creatore. Il dato è declinato in quella chiave personale che tratteggia tutta la teologia geremiana in ambedue i sensi, quello della rivelazione divina al profeta e quella della sua percezione del Mistero. Sulla stessa linea il racconto della vocazione presenta l'esito salvifico della vicenda del profeta, configurando il brano come una visione olistica della sua storia, tra protologia ed escatologia. Nessuna astrazione e nessuna generalizzazione. Tutto si svolge nel dialogo unico e irripetibile tra il Dio rivelato e il profeta "teologo".

L'impatto di tale principio sull'esistenza di Geremia è molteplice e complesso perché si pone su aspetti diversi della sua esperienza umana e ministeriale. Ne dobbiamo cavare la teologia come dato originante e consequenziale al tempo stesso. Di fatto la percezione del principio illumina e guida Geremia nell'esercizio del suo ministero profetico ma entra anche in contraddizione con il dramma che egli vive nel rifiuto e nella persecuzione subiti a causa dell'annunzio della parola divina.

Ne deriva la messa in questione di una visione teologica tradizionale, non casualmente declinata sul piano sapienziale. La radicalità del suo rapporto con

Dio, imperniata sull'azione di YHWH nei suoi confronti, inevitabilmente scardina il sentito dire di certe visioni teologiche ereditate, mettendole a nudo nella contraddittorietà della loro stessa struttura assertiva.

La prima e la seconda confessione sono testimonianze di un approccio innovativo e non lontano dagli scritti biblici più corrosivi, quali Giobbe e a suo modo Qohelet. Geremia si chiede perché, visto che Dio è giusto, ha piantato i malvagi e permette che prosperino. La critica, però, lascia spazio all'atteggiamento conciliante di chi chiede a YHWH protezione e vendetta per evolversi alla fine in una protesta accesissima contro di Lui, cui Geremia rivolge l'accusa di averlo sedotto e ingannato.

Lo sfondo sapienziale si fa strada anche in Ger 20,7, che dunque può essere collegato alla protesta iniziale del profeta-ragazzino, ma non annulla la possibilità di leggere l'iniziale verbo פתה in senso affettivo. Geremia vede il volto di un Dio che gli sembra calpestare la sua libertà profittando di lui come in un atto di una violenza sessuale.

La contestazione non giunge improvvisa, in verità, posto che nella seconda confessione il profeta aveva già accusato YHWH di inaffidabilità. Inattesa è piuttosto la sequenza con cui si evolve il testo, prima nella lode fiduciosa, dopo nell'esecrazione del giorno e dell'annunziatore della sua nascita e infine nella domanda: «Perché sono uscito dal grembo per vedere dolore e tormento e finire i miei giorni nella vergogna?».

Ad essere questionato adesso non è propriamente un asserto divino tradizionale, ma la definizione di YHWH come Colui che scruta reni e cuore, già presente in Ger 11,20 che, dunque, è il vero *leitmotiv* teologico del *corpus*, perfettamente coerente col tono intimo che lo caratterizza dall'inizio del racconto vocazionale.

Eppure, giunto all'approdo di una visione teologica personale che potrebbe essere per Geremia una sorta di luogo di rifugio dalle tempeste esterne e interiori, anche questo alla fine è posto in contraddittorio con l'esperienza di una vita segnata dalla sofferenza proprio a causa dell'incontro con Dio.

Tuttavia, l'ultima domanda non ha risposta e forse neppure ne cerca una.

Come una poderosa incompiuta, alla maniera dei prigioni michelangioleschi, di cui pare condividere la potenza e la complessità del linguaggio, l'immagine di Dio che fuoriesce dalla nuda pietra dei testi geremiani si staglia davanti a noi a indicarci la strada, più che a definirla, per intuire i termini dell'incontro di Geremia con YHWH.

Invano se ne cercherebbe la coerenza di tutte le sue parti, posto che il limite dei testi è ben segnato e non completa l'itinerario credente del profeta di Anatot e soprattutto che una qualsiasi forzatura in tal senso violerebbe la natura dell'impostazione teologica del *corpus*.

Tra accuse blasfeme e atti di affidamento subito smentiti, Geremia è lontano anni luce da un teologo sistematico che nel suo manuale ha tutto in ordine.

Eppure Geremia è un teologo sopraffino, la cui qualità non è nella presentazione chiara di contenuti astratti, ma semmai all'opposto nella messa in questione della possibilità di definire la teologia su asserti, pedissequamente smentiti dalle contraddizioni con il vissuto del credente.

Geremia è un relativista, un esponente *ante literam* del pensiero debole o cos'altro ?

A me pare che l'irriducibilità di Dio alle pretese di Geremia e dello stesso Geremia alle pressioni di Dio, autentichino l'incontro e, radicalmente, lo abbiano reso possibile. Siamo esattamente all'opposto della riduzione relativista dell'essere a opinione, poiché l'esserci di Dio e del suo profeta sono date dentro la relazione, il confronto e perfino la contestazione.

Se alla fine Dio tace è perché è giunto all'incontro!

Bibliografia

Commentari su Geremia

ALLEN L.C., *Jeremiah. A Commentary*, Westminster John Knox Press, Louisville - London 2008.

ALONSO SCHÖKEL L. - SICRE DIAZ J.L., *I profeti*, Borla, Roma 1996[3].

BOADT L., *Jeremiah 1-25*, Wipf and Stock Publishers, Eugene 2008.

BRACKE J.M., *Jeremiah 1-29*, Westminster John Knox Press, Louisville - London 2000.

BRIEND J., *Geremia*, Borla, Roma 1993.

BRIGHT J., *Jeremiah: Translated with an Introduction and Notes*, Yale University Press, Garden City - New York 1965.

BRUGGEMANN W., *A Commentary on Jeremiah. Exile & Homecoming*, W.B. Eerdmans Publishing Company, Grand Rapids 1998.

CARROLL R.P., *Jeremiah*, Westminster John Knox Press, Louisville - London 1986.

CRAIGIE P.C. - KELLEY P.H. - DRINKARD JR. J.F., *Jeremiah 1-25*, Word Books Publisher, Grand Rapids 1991.

DAVIDSON R., *Jeremiah*, I, Westminster John Knox Press, Louisville - London 1983.

DUHM B., *Das Buch Jeremia*, J.C.B. Mohr (P. Siebeck), Tübingen 1901.

FISCHER G., *Il libro di Geremia*, Città Nuova, Roma 1995.

HOLLADAY W., *Jeremiah*, Fortress Press, Philadelphia 1986-1989.

HUEY F.B., *Jeremiah, Lamentations*, Broadman Press, Nashille 1993.

KEOWN G.L. - SCALISE P.J. - SMOTHERS T.G., *Jeremiah 26-52*, Word Books Publisher, Grand Rapids 1995.

MCKANE W., *A critical and exegetical Commentary on Jeremiah*, T & T Clark International, Edinburgh 1996.

MCKEATING H., *The Book of Jeremiah*, Epworth Press, Peterborough 1999.

NICHOLSON E.W., *Jeremiah 1-25*, Cambridge University Press, New York 1973.

NICHOLSON E.W., *Jeremiah 26-52*, Cambridge University Press, New York 1975.

RUDOPH W., *Jeremia*, , J.C.B. Mohr (P. Siebeck), Tübingen 1958.

STULMAN L., *Jeremiah*, Abigdon Press, Nashville 2011.

THOMPSON J.A., *The Book of Jeremiah*, W.B. Eerdmans Publishing Company, Grand Rapids 1980.

WEISER A., *Das Buch Jeremia: Kapitel 1-25,14*, Vandenhoeck & Ruprecht, Göttingen 1952.

WILLIS T.M., *Jeremiah and Lamentations*, College Press Publishing Company, Joplin 2002.

VIVIANO P.A., *Jeremiah, Baruch*, Liturgical Press, Collegeville 2013.

Monografie e articoli su Geremia

BARBIERO G., *Le confessioni di Geremia. Storia di una vocazione profetica*, Paoline, Cinisello Balsamo 2012.

BARBIERO G., *«Tu mi hai sedotto, Signore». Le confessioni di Geremia alla luce della sua vocazione profetica*, Gregorian and Biblical Press, Roma 2013.

BAUMGARTNER W., *Die Klagegedichte des Jeremia*, A. Töpelmann, Giessen 1917.

BENZI G., *La vocazione di Geremia (Ger 1,4-19): «Non dire sono giovane»*, in «Parole di Vita» 58/1 (2013) 18-23.

BLANK D.H., *The Confessions of Jeremiah and the Meaning of Prayer*, in «Hebrew Union College Annual» 21 (1948) 331-345.

BRUGGEMANN W., *The Theology of the Book of Jeremiah*, Cambridge University Press, New York 2007.

CUCCA M., *Il corpo e la città. Studio del rapporto di significazione paradigmatica tra la vicenda di Geremia e il destino di Gerusalemme*, Cittadella, Assisi 2010.

DONNER H., *The Confessions of Jeremiah. Their Significance for the Prophet's Biography*, in «Old Testament South Africa» 24 (1981) 55-66.

DIAMOND A.R.P., *The Confessions of Jeremiah in Context. Scenes of Prophetic Drama*, Sheffield Academic Press, Sheffield 1987.

DIAMOND A.R.P. - O'CONNOR K.M. - STULMAN L., *Troubling Jeremiah*, Sheffield Academic Press, Sheffield 1999.

FISHER G., *Jeremiah Studies: from Text and Contexts to Theology*, J.C.B. Mohr (P. Siebeck), Tübingen 2020.

GUNNEWEG A.H.J., *Konfession oder Interpretation in Jeremiabuch*, in «Zeitschrift für Theologie und Kirche» 67 (1970) 395-416.

HERNÁNDEZ E.J., *Geremia. Mi hai sedotto, Signore!*, Chirico, Napoli 2002[2].

LALLEMAN H., *Jeremiah and Lamentations. An Introduction and Commentary*, Inter-Varsity Press, Downers Groove - Nottingham 2013.

LOPASSO V., *La data della vocazione di Geremia*, in LOPASSO V. - PARISI S. (edd.), Liber Scripturae. *Miscellanea in onore del Prof. P. Francesco Tudda ofm*, Rubettino, Catanzaro 2002.

LUNDBOM J.R., *Rhetorical Structures in Jeremiah 1*, in «Zeitschrift für die Alttestamentliche Wissenschaft» 103 (1991) 193-210.

LUNDBOM J.R., *Jeremiah among the Prophets*, Cascade Books, Eugene 2012.

LUNDBOM J.R., *Jeremiah: Prophet like Moses*, Cascade Books, Eugene 2015.

MANFREDI S., *Geremia in dialogo*, Salvatore Sciascia editore, Caltanissetta 2002.

MIHELIC J.L., *Dialogue with God. A Study on Some Jeremia's Confessions*, in «Interpretation» 14 (1960) 43-51.

MILLS M.E., *Altery, Paice and Suffering in Isaiah, Jeremiah and Ezekiel*, T & T Clark International, New York-London 2007.

MOTTU H., *Aux sources de notre vocation: Jérémie 1,4-19*, in «Revue de Théologie et de Philosophie» 114 (1982) 105-119.

MOTTU H., *Les "confessions" de Jérémie. Une protestation contre la souffrance*, Labor et Fides, Geneve 1985.

O' CONNOR K.M., *The Confessions of Jeremiah: Their Interpretation and Role in Chapters 1-25*, Scholars Press, Atlanta 1988.

POLK T., *The Prophetic Persona: Jeremiah and the Language of the Self*, JSOT Press, Trowbridge 1984.

REVENTLOW H.G., *Liturgie und prophetisches Ich bei Jeremia*, G. Mohn, Gütersloh 1963.

SESSA S.M., *«Và e grida agli orecchi di Gerusalemme! Il rîb contro la città amata (Ger 2,1-19)»*, in «Parole di Vita» 58/1 (2013) 24-28.

SMITH J.E., *Lerning to pray the Jeremiah Way*, Lulu.com, 2017.

STAMM J.J., *Die Bekenntnisse des Jeremia*, in «Kirchenblatt für die reformierte Schweiz» 111 (1955) 354-357.370-375.

THIEL W., *Die deuteronomistische Redaktion von Jeremia 1-25*, Neukirchener Verlag, Neukirchen-Vluyn 1973.

WRIGHT C.J.H., *The Message of Jeremiah. Against Wind and Tide*, Intervarsity Press, Downers Groove 2014.

Altri studi

BEAUCHAMP P., *L'uno e l'altro Testamento*, Paideia, Brescia 1985.

BOVATI P., *«Così parla il Signore». Studi sul profetismo biblico*, EDB, Bologna 2008.

HAYES K.M., *"The Earth Mourns". Prophetic Metaphor and Oral Aesthetic*, Brill, Leiden 2002.

MASTNJAK N., *Deuteronomy and the Emergence of Textual Authority in Jeremiah*, J.C.B. Mohr (P. Siebeck), Tübingen 2016.

NAKKE KAISER B., *Poet as "Female impersonator": The Image of Daughter Zion as Speaker in Biblical Poems of Suffering*, in «The Journal of Religion» 67 (1987) 164-182.

SKINNER J., *Prophecy and Religion*, Cambridge University Press, Cambridge 1922.

Indice degli autori

Indice generale

Printed by Books on Demand GmbH, Norderstedt / Germany